资本属性

李仁彪◎著

中国农业出版社

北　京

序

　　拜读完李仁彪先生的《资本属性》一书，我为他的精神所感动。仁彪先生出生在中国最大的城郊国营农场群的武汉市东西湖区农家，20 世纪 60 年代回乡务农后，由于努力工作勤奋学习，于 70 年代初期就担任了武汉市东西湖区农业科学研究所原种二大队的党支部书记和东西湖区农业科学研究所的党委委员。改革开放后担任东西湖区吴家山农场党委书记，其间一直没有放弃学习。在国有资本运营这个大家庭里，他也因其扎实的经济理论功底和实践经验，先后就职于建设银行和建设银行武汉市信托投资公司，主持一些支行和公司的资本运营工作。晚年其又因银行资本运营和投资的突出表现，于 20 世纪 90 年代晚期转行从事房地产经营，担任八家民营公司的创始人和操盘人。《资本属性》就是他五十多年工作的思考认知和实践总结。本书也因作者对资本的真情实感的表达而具有较强的可读性。

　　仁彪先生年轻时善于学习，晚年又勤于思考，其拼搏进取的精神值得我学习，我也愿在为学的路上与他共勉。

　　谨为序。

广东省扶贫开发研究院副院长兼研究员　李典军

2023 年 10 月

目 录

　　资本是一个古老的话题，也是一个非常现代的话题。著名的成语"卧薪尝胆"，讲的是春秋时期越国越王勾践忍辱负重，卧薪尝胆，十年聚积、十年复仇的故事。越王勾践有两个得力的谋臣，一个是大夫文种，另一个是大夫范蠡。这两个人辅助越王勾践复兴越国最后灭了吴国，立下了不世之功。但灭吴后，两人的结局完全不一样，文种一直留在勾践身边，最后被勾践问罪杀了。范蠡在灭吴以后，急流勇退，辞去大夫职务，泛舟四方，最后在齐国一个叫陶的地方隐居下来，改名换姓，把十几年做越国大夫积累的财富，转换成商业贸易的本钱，就是现在讲的"资本"，去经营粮食、食盐、麻制品（春秋时期没有棉花，人们穿衣全靠麻制品）、木制品、陶制品。春秋时期齐国晒海盐很有名，有人口就需要盐，汉武帝晚年才实现盐铁专营，范蠡那时候盐是可以自由买卖的。经过多年的努力经营，范蠡成为春秋中晚期著名商人，但不叫范蠡，称陶朱翁。故事流传几千年，陶朱翁成为富翁的代名词。这不是小说，这一史实告诉我们，资本是商品生产交换的产物。有商品，有商品交换、经营，就是做生意。生意需本钱，"将本求利"这是中国几千年的古老法则，这个本就是资本。资本伴随商品而产生，所以资本在中国两千多年前就出现了。但是中国长期是以自给自足的自然经济为主体，商品、商品生产、商品经营只占经济极小的份额。长期的封建社会，商品生产、经营一直受到压制，没有发展的机会，资本也一样受到压制，不成气候。

资本在 18 世纪的欧洲，随着工业化的进程，逐步成为欧洲社会的主体，尤其是蒸汽机的应用，工业的迅速发展，社会经济的迅速发展，也带来了欧洲资本的繁荣发展。欧洲经历了 100 多年资本原始积累阶段，一直到 19 世纪下半叶。资本一方面带来了社会的进步和发展，另一方面也演绎了百年的血泪史，贩卖奴隶、贩卖鸦片、压榨工人，包括延长工作时间、低工资，甚至使用童工，整个西欧工业化历史就是一部血泪史。也正是在这一时期产生了经典的政治经济学。1867 年马克思出版了《资本论》第一卷，后来他的战友恩格斯将其遗留的手稿进行整理，出版了第二卷、第三卷。《资本论》从资本研究入手，揭示了资本主义的根本矛盾，提出了剩余价值理论，为世界共产主义运动提供了强大的理论思想武器。100 多年来，对资本的研究已成为世界许多经济学家的热点课题，许多西方国家大学设有"资本"专门学科。

2022 年 4 月 29 日，中共中央政治局集体学习"资本"课题，习近平总书记强调要与时俱进，研究资本的特性，发挥资本这一生产力要素的作用。中国改革开放以来，资本开始大规模走上中国经济舞台。一方面中国公共资本在原来基础上翻了不知多少倍，中国国有企业有 12.4 万个，总资本超过百万亿元；另一方面中国人把大量私人财富转化成资本，投入经济建设中。据 2021 年统计，中国有市场主体 1.5 亿个，其中个体经济上亿个，非公共资本的企业几千万个，承担 70% 的就业，50% 的税收。同时，外国资本也不断涌进中国。据统计 2021 年实际使用外商直接投资金额 1 735 亿美元，主要来自欧洲、美国、韩国、日本，大量的资本涌进中国，带来了先进技术、管理，推动了中国经济的持续发展。

大量外国资本的引进，大量居民财富转化为资本，资本的劣根性也逐渐表现出来，资本的无序竞争与扩张，资本（所有者或经营者）为逐利而腐蚀公权，为逐利而触犯法律也在增加。研究资本，充分发挥资本作为生产力要素的作用，同时有效地管控资本，使之为中国经济建设服务，是当前重要的课题。

中央号召加强对资本的研究，与时俱进发展马克思主义，使资本理论成为中国特色社会主义理论的重要基石，这是摆在我们面前艰巨而光荣的任务。中国改革开放40多年的伟大实践为研究资本提供了翔实的材料，广阔的舞台。中国经济连续40多年的高速增长，成为世界经济增长的火车头。2021年中国国内生产总值达114万亿元，是世界第二大经济体。中国还是世界第一大贸易国，2021年货物进出口贸易达6万亿美元，有24个城市进入国内生产总值万亿元行列。从1979年到2021年有7.7亿人口脱贫，有4亿人成为中等收入人口。中国人均收入剔除通货膨胀因素，按1978年不变价计算增长了23倍。40多年来我们建立了独立完整的工业体系，没有经历西方资本原始积累时期，劳动力悲惨百年的阶段。这一切是传统经济学无法解释，也是西方流行经济学定律、数学模型无法计算的。资本在中国经济发展中发挥了巨大作用，同时我们也最大限度地限制了资本的副作用。

中国人研究资本的特性，研究资本的两面性，应结合中国改革开放的伟大实践，提炼出适合中国实际的经济学理论。不能照搬西方经济学理论去对号入座，那永远解释不清中国发生的经济现象。中国的经济活动是亿万人民参与的伟大经济实践，中国的经济学界要在总结人民实践基础上，创造自己的经济理论。

我有幸经历了40多年改革开放的全过程，目睹了中国发生的巨大变化。多年来我一直关注"资本"这一课题，积累了一点认识和体会。本书尽量用简明的语言来说明资本的属性，说明资本与企业的关系。资本是工具，是生产力要素，资本主义能应用，社会主义也能应用。这是一本关于资本的通俗读物，抛砖引玉、以飨读者。

资本的概念

　　资本，尤其是非公共资本进入中国经济舞台，是在改革开放以后，只有40多年历史。中国人对资本的认识经历了一个逐步深化的过程。在1980年出版的《新华词典》中对资本的解释是这样的："资本是给资本家带来剩余价值的价值。"这一定义显然有不妥之处，资本是专为资本家服务的，把资本作为物的属性抹杀了，把资本与资本主义制度混为一体。2000年出版的《新华词典》对资本的解释发生了很大变化："资本是用来生产或经营以牟利的生产资料和货币。"首先说资本是生产资料和货币，即是物质形态。生产资料好理解，货币既是一般等价物，也是一种特殊商品。这种物质形态的资本是用来生产或经营牟取利润的。这种物质形态的资本是一种牟利的工具，资本主义可以使用，社会主义也能使用，资本不是资本主义的专用名词。这是中国人在改革开放20年时对"资本"的认识，已具有现代的意识，是一个飞跃。这个定义现在看来仍有不完备的地方，对资本这一概念应包括的物质范围说得不完整。那么，什么是资本呢？

什 么 是 资 本

　　资本是用来生产或经营牟利的，并承担生产、经营风险的社会财富。这些财富是可以划分所有权，可以在市场上交易的生产力要素。

它包括厂房、机器、设备、场地、办公用房、宿舍和货币等有形资产，也包括土地使用权、技术专利、知识产权、产品品牌、注册商标等无形资产。

以上资本概念包含下列几层意思：一是资本是用来生产或经营的生产力要素，是用于创造社会财富的，是人类都可以使用的生产力要素；二是资本是追求利润的工具，将本求利，追逐超出一般社会财富的收益水平的利润，这个工具无论是资本主义还是社会主义都可以使用；三是资本承担生产、经营过程中的风险，也是抗风险、化解风险的物质力量；四是资本可以划分所有权，张三持有多少股，李四持有多少股是一清二楚的；五是资本是可以用价值尺度衡量的一般等价物，和其他生产力要素一样是可以在市场上自由交易的。总的来说，资本是一个物质概念、经济概念，与意识形态和社会制度没有关系。

资本是社会财富的一部分，社会财富有一个庞大的范围，即非人力资产的总和，包括有形的资产、无形的资产，所有的动产和不动产。不是所有的财富都是资本。一是人们的生活资料，如住房、衣物等是社会财富的组成部分，但不是资本。用于出租的商品住房也不是资本，不符合上述要求。二是国家建设的道路、桥梁、下水道等基础设施是全社会的财富，为全体人民使用。但它不承担生产、经营风险，不能成为资本。少数由民营企业投资的基础设施，实行定期收费或由政府定期偿还那就另当别论了。三是城乡居民的储蓄存款，是真金白银，是社会财富。但它不直接用于生产和经营，而是通过银行等金融机构，发放贷款间接参与经济活动，不直接承担生产经营的风险，收益远低于资本的收入水平，不能算资本。四是珠宝、首饰、字画、邮票等财富，有价值但不用于生产、经营，也不是资本。另有一部分无形资产如著作权等也不能构成资本。这些东西只有先转化为货币，才有可能转化为资本。综上所述，资本是社会财富的一部分，社会财富大于资本。

财富中的无形资产，如专利、品牌、注册商标、土地使用权转成资本，需要经过评估和其他股东认可，把它们转化成一般等价物货币，折合成股份。无形资产还要办理过户手续。这里着重说下"土地使用权"这一无形资产。土地在中国划分为国有土地和集体土地。集体土地是农村村集体所有的农业耕地、林地等，余下全为国有土地。土地又分为建设用地和农业用地，极少数集体土地是集体建设用地，用于村集体的公益事业及集体工商业。其余的建设用地均为国有土地。集体土地要用于工业、商业，必须通过国家征收转变为国有土地。国有建设用地的土地使用权让渡给企业使用，要经过"批租"这一程序，通过"批租"明确企业使用土地的条件、年限、应交的批租费用，并办理土地使用权证。企业拿到批租的土地使用权，可使用、可转让、可入股。这就形成价值，这个价值是无形资产。中国国有企业的用地是划拨用地，该企业与其他企业联合改制时划拨地要经过批租并办理土地使用权证书。这一土地制度是中国独有的。

至于技术专利、产品品牌、注册商标等无形资产，政府有关部门都发了证书，其价值要经过评估认定，现在已基本形成了一套行之有效的办法，这里不再详述。

财富能不能转为资本，是财富的拥有者依据对市场认识程度，经过深思熟虑分析做出的选择，也是资本市场成熟度决定的。这两方面中国都有发展潜力。在中国单个资本出现很早，经过两千多年长期的封建社会，又经过百年的半殖民地半封建的社会，民族资本曾挣扎过，但在占社会主导地位的自给自足的农耕自然经济面前失败了。外国资本侵入，除挤占狭小市场空间外，并没有给中国经济带来什么好处。改革开放前中国基本是公共资本一统天下，经济有了较大发展，但仍没有改变经济落后的状况。中共十一届三中全会以后，改革开放40多年，各类市场主体登上中国经济舞台，国有资本、私人资本、外资、港澳台资本也纷纷走上中国经济舞台，中国经济空前发展，社会财富也增长了许多倍。现在中国城乡居民财富 59.1％ 是房产，还有 100 多万亿元的储蓄存款，这在世界上是第一位的。资本市场潜力巨大，需要引导人们正确分析市场前景，正确把握市场风险。进一步完善资本市场机制，为亿万财富投入资本市场创造良好的条件，促进社会财富转化为资本，标志着人们财产性收入将大幅提高。

资本不是资产。这两个不同概念在日常生活中容易混为一谈，往往把资产视为资本。资产这一概念范围很广，政府有资产，家庭有资产，事业单位有资产，社团也有资产。企业也有资产，人们容易把企业资产与资本搞混。企业资产是企业财产的总和，即企业中除人力资产以外的所有物质和货币的总和。这些企业资产来源，一是负债，二是企业净资产，三是企业应付款。企业负债包括：银行贷款、企业发行的债券、企业向别的企业和个人借款等；企业的净资产即资本金、资本积累及公益金、未分配利润、本年度未结算的利润；企业各种应付款，包括应付原材料款、应付工程款、应付税金、应付员工工资及福利等。从上述企业资产的构成看，企业的资本只占企业资产的小部分。当然不同企业资本占资产的比例不一样，这与企业经营状况，企业负债率高低有关。在计算企业负债率时，企业借款和应付款都是企业负债。本书把企业债款和各种企业应付款分开，是让读者更明白企业资产结构，借款是有契约负债，应付款是无契约负债。企业的资产大小构成企业规模大小，所以一部分企业拼命加杠杆。因此金融机构对企业负债设了红线，即资产负债率不超过 70％，超过了银行一般不予贷款。资产负债率反映企业资产质量和抗风险能力。例如：一个 100 亿元资产规模的企业，它的实际负债达 80％，那企业净资产只有 20 亿元，包括本年度未结算利润，如企业所得税未结算，员工奖励基金未提，还包括历年的公益金和未分配利润，资本和资本积累就只在 20 亿元以下，可能是 17 亿～18 亿元，抗风险能力就大大减弱了。社会上有一些人误认为资产就是资本，甚至一些媒体评选企业名次，选富翁也以资产大小为标准。分清资产与资本的界限，对控制企业经济杠杆，防止企业无序盲目扩张有重要作用。

资本和资金不完全是一回事。资金是企业中的物质货币化表现，有特定用途的货币。这和社会上资金的定义不相同。企业资产有固定资产、流动资产，还有无形资产，而"资金"是指企业的流动资产里有特定用途的货币。货币在生产经营中不断变化形态，货币—原材料—半成品—产品—货币，循环往复。每一次循环就会带来资金的增加，这就是企业增加值，增加值要支付劳动力成本、管理成本、资金成本的折旧、增值税等，余下的为企业的毛利润。资金的来源一部分是资本，一部分是负债。资金是企业的血液。前面讲的企业的流动资金在企业运行不同阶段，以不同形态出现，形成企业的资金链。资金链不能断裂，如果断裂企业就有破产危险。企业哪些行为危及企业的资金链呢？一种是盲目扩张、扩大规模或跨行业扩张。固定资产的投入，占用了流动资金，影响资金周转，这就是企业并没有发生亏损，而资金链断裂。另一种是企业产品发生严重滞销，产品积压过大而严重影响资金周转，资金链断裂，在没有发生严重亏损的情况下导致企业破产。企业严重亏损导致资金链断裂也是一种原因。企业的资本和资金不是一回事，资金中有很大一部分是负债，当债权人收回债务，又不能取得新的融资时，也会影响企业资金链。弄清资本与资金关系，就要维护企业资金链的正常运行。企业要量力而行不盲目扩张，不能无限加资金杠杆，更不能不研究市场盲目生产，造成产品严重积压威胁资金链。

资本与财富、资产、资金有关联，但绝不是一个概念。资本以独立的物质形态出现在经济领域。资本无论是有形资产还是无形资产都可以转化为一般等价物（货币），可以用于交易流通，一切资本是可以用货币这一价值尺度衡量的。它属于生产力的范畴，是生产力的重要因素之一。

资 本 的 特 性

资本作为物质形态，它有四个显著的特性：第一是资本追逐利润无止境；第二是资本扩张无止境；第三是资本积累无止境；第四是资本风险无止境。

资本追逐利润无止境，这是资本天性，是最显著的特性。财富转化为资本的目的就是要牟利，而且是牟大利，要牟取高于一般财富收益水平的利益。2023 年 12 月中国各银行一年期存款利率最低为 1.55％，而资本的回报远远高出存款利率。资本追逐利润在数额上没天花板，在时间上也没有天花板，今年取得 1 亿元利润，明年要拼 2 亿元，后年拼 3 亿元；在时间上不是一两年赚钱，而是企业在生产、经营就要赚钱。这种资本的贪婪性与人心不知足是密切联系的。资本在生产、经营领域有牟利的广阔空间。一是市场空间大，随着人口增长，人们可支配收入增长，市场不断扩大，有拓展的潜力，另外市场区域由国内到国外再到全球市场，足够企业不断拓展的。二是科学技术的发展空间巨大，为提高生产数量、质量，不断开发人们需要的新产品，提供了原动力。大幅度提高劳动生产率水平，降低生产成本，使企业牟利有巨大的空间。三是先进的管理也为资本追逐利润提供了空间。先进的管理手段让企业人、财、物最大限度地发挥作用，管理提高了生产率，提高了资金、物质的利用率，降低了成本，提高了利润水平。四是科学决策使企业发展有巨大想象空间。决策是人的意识活动，决策正确与否决定企业命运。决策与市场的实际、企业的实际有一个逐步靠近的过程，这个距离越缩小，企业利润就越高。资本追逐利润最大化有动力，又有可能，加上资本要防范抗御风险也必须增加利润，从而增加企业积累。资本追逐利润的手段是多方面的，欧洲资本原始积累时期，除采用当时的先进机器外，就是榨取工人的剩余价值，这是当时许多经济学家揭露的现实，也是当时英法的文学作品描述的现实。19世纪末资本初步完成原始积累，转而采用先进技术、先进管理、扩大生产规模，实行垄断经营，千方百计提高盈利水平、盈利总量。现在西方发达国家劳动力价格已在国家内形成平均水平，低于这一水平无人给你打工。行业利润也形成平均利润率，要获得超高利润就必须依靠产品创新，依靠资本走出去向劳动力价格低廉的地区投资。还有就是扩大规模，占有更大的市场份额，争取更高的利润总额。

资本的第二个特性，是资本扩张无止境。一是指企业生产、经营规模扩张没有止境，从简单的再生产到扩大的再生产。生产、经营从一个城市扩大到全国，从国内扩大到国外，甚至全球。二是依托新技术、新工艺产品不断升级换代，既扩大了市场也增加了利润。比如20世纪七八十年代发明的手机不断升级换代，现在已经发展到5G。这一最初的通话工具，今天发展为人们生活、经营的工具，通话、记录事项、收集信息、浏览信息、人与人交流、娱乐，现在正成为支付工具，市场发展到几十亿人，这就是资本不断扩张的结果，哪个电信企业不依托新技术扩张就会被淘汰。三是资本扩张表现在跨行业拓展领地。哪个行业有市场、能赚钱，资本就向哪里流动。一个企业多元化经营是常见现象，比如房地产调控了十七八年，不知发了多少文件，由于中国处在城市化进程中，人口向城市，尤其是大城市集中，房地产市场有巨大需求，有利润空间。虽然投资房地产所需资金量大，时间周转长，但许多做制造业、文化产业、服务产业的国企、民企还是不断涌向房地产市场。许多新兴产业，各路资本更是一拥而上，前几年的光伏产业、共享单车，目前的电动汽车，应该说核心技术、汽车电池还在进一步完善中，一些企业动辄上百亿元、几百亿元地投入该行业。资本的扩张是资本追逐利润驱动的，永无止境。扩张需要资金支撑，也需要技术和管理的支撑。扩张带来了大量劳动力就业，也促进了技术水平的创新和提高、管理水平的提高。同时扩张也给企业带来风险，一拥而上容易造成新的市场饱和，损失巨额资金。

资本的第三个特性就是资本的积累无止境。资本扩张也包括资本自身的扩股和积累，扩张规模、多元经营需要资金支持，要求不断增加资本积累。一般讲资本积累是把资本的收益或部分或全部转为资本，还有就是根据市场前景预测，扩大资本来源，如配股增发股票等。后面会专章阐述资本积累。这里说明一点的是：资本和资本积累既是资本持有人的财产，某种意义上讲也是社会财富。企业只要在生产、经营中，资本就是不能抽去的，企业创造的财富，首先是员工工资福利，再是国家税收，剩下的企业净利润，一部分是员工奖励基金、公益金，大部分是股东收益，这些收益至少一半以上转化为资本积累，参与企业下轮生产、经营。

资本的第四个特性是资本的风险无止境。风险伴随生产、经营全过程，也伴随资本市场交易的全过程，这里资本市场是指证券、股票市场。有资本投资就有风险。这里说一个美国著名作家马克·吐温的故事。马克·吐温在 60 岁以前做了多次投资。1862 年，做记者的年轻的马克·吐温用自己所有积蓄和全部稿酬购买了白银矿山的股票，开始股票快速上涨，马克·吐温沉浸在发财梦中。然而好景不长，市场的狂热消失了，股价飞流直下，马克·吐温的股票价值只剩 50 美元。马克·吐温还热衷对当时各种新产品、新发明的投资，结果比股市投资损失更惨，亏损达 50 多万美元，那是在 19 世纪下半叶，50 万美元是一笔巨款。后来，马克·吐温又投资印刷的自动排版机，结果 17 万美元又打了水漂。几年后马克·吐温又积累了资金，创办了韦伯斯特出版公司，这一次投资是他熟悉的文化产业，结果是不但亏了本钱，还欠了 9.6 万美元的债务。1895 年以后他 60 多岁了，靠写作和环球讲演，才将债务全部还清。马克·吐温在 60 岁以前，多次把自己财富转化为资本，投资在新兴产业、工业、文化产业，虽然屡投屡亏，但还是奋斗了几十年。这充分反映了资本是充满风险的，投资有风险。在资本风险面前马克·吐温充满了无奈和辛酸，晚年的他总算搞明白了，文学创作、讲演才是他"取之不尽，用之不竭"的资源。这样的故事，在市场经济高度发展的今天还有很多。据统计中国每年破产、歇业、"跑路"的企业数以十万计，中国企业寿命平均只有 7 年。当然每年也有十万家以上的新企业注册登记。这些充分说明资本用于生产、经营的过程充满了风险，风险不是今天过了，明天就没有了，它始终伴随着资本。有人说"企业不改造是等死，改造是找死"，这句话形象说明企业不扩张有风险，扩张也有风险。

资本的风险是多方面的，有经济风险，有政治风险，也有经营者的道德风险。风险伴随着资本营运的全过程。本书说的风险主要是经济风险，经济风险有系统性风险、非系统性风险、意外风险（如地震、洪水、火灾、战争等）。

系统性风险是指在全国、全球发生的经济危机。这种危机在市场经济条件下是难以避免的。市场决定资源配置。但每一个企业都想争抢市场份额就会出现资本无序的扩张。这种竞争经过几年、十几年、几十年就会导致市场饱和，继而出现危机。例如：20 世纪 20 年代末出现的世界范围的大经济危机，1998 年出现的亚洲金融危机，2008 年出现的全球金融危机。

系统性风险的另一个表现是行业性风险，即一个行业产品过剩或生产能力远大于市场需求，供过于求。在改革开放 40 多年中，中国曾出现过多次行业性过剩，如纺织行业、水泥行业、光伏行业、钢铁行业等，中国政府多次下气力调控整顿，仅唐山地区关闭大、小钢厂上百家，石家庄地区关停水泥厂上百家。政府提前介入使系统性行业风险没有发展成全国性危机，及时地调整，降低了企业的损失。

非系统性风险有多种多样的形式。企业决策失误、误判市场、盲目扩大生产经营规模，结果造成生产能力过剩；没有充足的把握，大举投资新兴产业，新兴产业技术不成熟或市场认识过程出现危机；扩张过快或生产产品积压过多造成资金链紧张甚至断裂。这样的例子年年有，行行有，大家经常在媒体上看到此类信息。还有经营失误，造成亏损，久而久之形成风险。另外，还有道德风险，部分企业实行经营权与所有权相分离，少数经营者为获取期权奖励而做假账，报喜不报忧，像美国安然公司就是典型例子，最后造成企业巨亏或破产。非系统性风险虽然是个性的，但是也经常发生，轻的造成企业几年缓不过气来，严重的造成企业破产。

意外风险，一是能力不可抗的，比如地震、水灾、瘟疫。二是安全防范不到位或偶然的事故，如火灾，化工、燃气、油矿、仓储的危险性爆炸事故，造成财产巨大损失，人员伤亡，使企业短时间无力生产。

风险虽然伴随着资本生产、经营，除地震等意外风险外，资本的风险是可以防范，可以减轻的，有些风险也是可以避免的。在系统性风险到来时，有的企业破产，有的企业歇业，有的企业缩小生产规模、裁员，求得生存，也有企业虽然生产规模萎缩，经营困难，但是硬挺过来了。这就是说在系统性风险来临时，企业的实力、企业防范意识、企业准备不一样，结果也不一样。有的企业几十年生产、经营硬是没有发生非系统性风险。一是要认识到资本在生产经营中风险是一直伴随的，要保持清醒头脑，牢固树立防范意识，采取切实措施，防患于未然。二是防范风险，增强风险抵抗能力，需要大量的资金作后盾，资金和资本积累雄厚，即使遭遇风险也能抵抗。所以资本收入中一部分收入要作为风险的准备金。如金融企业要提坏账准备金。一个企业自有资金雄厚，抗风险能力就强，尤其是保持充足的现金流，在遭遇风险时，现金为王。三是实行企业重组防范行业性风险。比如电子行业的企业与化工行业的企业相互换股，电子行业的一企业持化工行业企业一千万股，而化工行业的一企业持电子行业企业的一千万股，占各自资本的 30％。当化工行业遭遇行业性风险时，化工企业可从入股的电子行业中分得一部分收入抵抗风险。这种避险的措施要早谋划，同时要选择收益相差无几的其他行业企业。另外，资金雄厚的企业也可多元化经营，跨行业经营防范行业性风险。四是通过投保减少意外风险的损失。如水灾、火灾、爆炸等是可以通过投保减少风险损失。投保企业遇到意外事故，可通过保险公司赔付而减少损失，使企业有重整旗鼓的机会。五是要加强安全制度的落实，常备不懈，防止、减少意外事故的发生。

资本的四个特性中，资本追逐利润无止境，决定了后面三个特性。资本追逐利润一方面表现在一定时间内追逐利润最大化，另一方面表现在追求利润的长久化。这就决定了资本扩张的无止境。

资本的双重性

资本的四个特性也决定了资本的双重性，即革命性和破坏性。

其一，资本的革命性表现在资本能促进社会生产力巨大的发展。只有资本敢于与机器有机结合，敢于冒风险，采用刚刚萌芽的新兴生产力工具，不断推进新技术新工艺。从机械化到电气化，电气化到自动化，自动化到信息化，再推进到数字化。一波接一波，资本是兴风作浪的推手之一。资本在不断前进过程中，创造了大量财富，创造了大量适合人们需要的产品，满足社会消费需求，发展了社会经济，改变了社会面貌，资本也取得了丰厚收益和积累，这是资本革命性的表现之一。

其二，资本为追逐利润，抢占市场高地，大力投资科研，投资前沿技术，促进世界科技的不断发展。据报道，2021 年世界上著名的亚马逊公司、苹果公司、微软公司、谷歌公司、元宇宙平台公司五家企业，在研发上一年花掉 1 490 亿美元。中国在资本逐步完成原始积累后，许多企业，这里说的是民营企业已经开始大量投资科研，设立自己科研机构，向前沿技术冲击，最典型的是华为公司。对科研的投入，一方面是设立科研机构，另一方面是企业赞助，支持大学的各种研究机构、支持社会的科研机构。资本是推动社会科技发展的重要动力。科技成果要转化为生产力需要一个过程，成功转化的只有20％。成功转化一是需要资金，二是需要时间，因为科技成果转化为生产力需要设备、技术、工艺支撑，缺一不可，只有资本介入，有强大的资金投入，不怕失败，科研成果才有可能转化为生产力。资本发展科研、支持科研是资本追逐利润，扩张无止境的特性决定的，但也促进了全社会科技的发展，给人类带来福祉。

其三，资本为了追求利润的最大化，不断加强企业的质量管理，提高产品质量，创造名牌产品，不断满足消费者的需要。产品质量提高了，产品价格上去了，企业的利润也提高了。因此企业不断采用先进技术，改进生产工艺，加强质量管理，形成完备的产品质量管理体系，使消费者能够使用到越来越称心如意的产品。比如汽车这一产品有100多年的历史，从19世纪的老爷车到现在各种品牌的汽车，从速度到安全性能、到装饰、到节油等不断提高了质量水平，不同品牌、档次的汽车能满足不同人群的需要。产品的质量提高，使消费者在每一个优质产品使用中，感受社会的进步，生活的幸福。产品质量提高，标志着社会发展的水平提升。资本不断推动产品质量的提高，也推动了社会的发展。

其四，资本追逐利润最大化的过程中，为拓展市场不断创造消费，引导人们消费。人的需求是多方面的，在衣食无忧后，人们的需求转向了住行，住行基本解决后，人们又转向眼睛、耳朵的消费。旅游就是眼睛消费，手机开始是耳朵的消费。资本及时创造新的消费品，引导人们消费。手机是20世纪70—80年代方便通话的产品，而在21世纪的今天成为人们生活娱乐、社交、教育、支付等的必需品。

手机改变了人与人的距离，方便并丰富了人们的生活。手机改变了人们的工作方式、社交方式。手机发展成一个有几十亿人的巨大市场，带动了不少行业，也形成了不少新的行业，如网购、手机支付、娱乐等。资本推动了手机的使用，不断增加它的功能，成为人们多方面的消费品。人的消费是无止境的，资本在这方面的创造也是没有止境的。这一创造过程中，社会生产力水平不断进步，不断发展。虽然资本（所有者、经营者）主观上是为了获取更高、更多利润，拓展新市场，占领全新市场高地，但客观上资本也推动了生产力的发展。生产决定消费，消费反作用于生产，在这一循环过程中，资本投入巨大，不断创新，更新换代，创造新的消费产品，不断满足人们日益增长的需求，也推动了整个社会的发展进步。

其五，资本为追逐利润就要不断提高企业管理水平，使企业的人力资源、物力资源、资金资源等有机结合起来，发挥最大效力，从而提高劳动生产率水平。几百年来，资本在管理实践中逐步探索并创立了现代管理科学，从原始积累的野蛮管理到科学的泰勒管理，再到现代管理，形成一整套行之有效的决策、生产、销售、人事、设备等管理体系。各大学设立了管理学专业，管理理论不断丰富，管理实践又不断提高、完善管理理论，从而极大地提高人力、物力等资源的利用水平，在整体劳动强度降低的前提下，大幅度提高了劳动生产率的水平，既增加了员工收入，增加了企业利润，也增加了国家税收，创造了社会财富。

世界财富是资本和劳动力两个生产力要素的有机结合，综合利用生产力其他要素创造的。目前世界人口已达 80 多亿，中国人口已达 14 亿多，劳动力在许多国家相对过剩，就业是面临的重大问题。中国每年有 900 多万大学毕业生要就业，还有大量城镇自然成长的青年劳动力，加上农村大量劳动力转移到城市，2021 年全国农民工总量 29 251 万人。每年巨大的就业人口，是我国的重大压力。资本要形成生产力必须雇用劳动力。资本是民生就业的土壤。大量的资本投入，就能增加大量就业人口。是不是劳动力多就会降低员工的收入呢？不会，一是国家每年公布最低工资标准，二是社会有各行业的平均工资水平。如制造业、民营企业、国有企业、外资企业工人工资水平有区别，从2021年统计来看，国企人均年收入是8.27万元，民营企业是5.73万元，相差2.5万元。外企的员工收入数据比国企不会少。国有企业规模大，生产经营高端制造业，劳动生产率比一般民营企业高一些。2021年央企全员劳动生产率平均为69.4万元/人，比民营制造业平均全员劳动生产率至少高20万元/人。民营企业大多数是中低端制造业，而且规模小而弱。两者工资水平的差距是正常的，合乎经济规律。资本的天性是雇用劳动力。企业规模越大，使用劳动力就越多。就业人口多，既解决了人们的收入，又维持了社会稳定繁荣，资本雇用劳动力的天性功不可没。

资本的破坏性也是巨大的。资本的载体是企业，一个个的企业构成市场主体。市场是用一只看不见的手调节社会资源的配置，生产能力的高低、产品的多少都是由市场通过价格来调节的。市场没有饱和，价格就正常；市场稀缺，价格就上涨；市场饱和，价格就下降，严重饱和就出现危机。需求决定价格，需求在一定的时期总是有限的，而资本追逐利润的动力是无限的，资本的扩张经常是无序的，这就形成市场在一定时期的有限性与无数个单个资本扩张无止境的矛盾，这对矛盾在运动中发展。当企业生产能力超过市场需求的时候，就发生了生产过剩，严重生产过剩就会造成一个行业甚至多个行业乃至全世界的经济危机。企业破产、歇业、"跑路"等现象发生了，经济出现大萧条，社会的财富很大一部分化为乌有。大量劳动力失业，影响家庭收入，影响社会的稳定。

资本在追逐利润时常常高估了潜在的市场需求，盲目无序扩张，也会产生破坏作用，造成巨大损失。市场的需求有现实需求和潜在需求，潜在需求的释放有一个过程，也有一个限度。盲目扩张，一拥而上就会造成过剩。前几年的共享单车就是一个例子。在短距离内共享单车有利于人们健康出行，方便又绿色环保，是一个有发展前途的好项目。而许多资本大举跟进，一个城市，红色、白色、绿色、黄色、蓝色各种共享单车一拥而上。有的城市坏了的共享单车堆积如山，既忙坏了环卫工人，又影响城市交通。许多投资企业血本无归。投入一个城市一个颜色的共享单车，资金需求1亿～2亿元，中国有600多座城市，投十分之一也需巨额资金。

资本在追逐利润的过程中，往往有忽视环境保护的倾向。污水无治理排放，有害气体不治理排放，噪声，污染环境，影响人们健康。碳的排放与人口增加有关，主要是经济活动造成的，资本在其中的作用明显。人类对世界气候的变化已经有了深刻认识，联合国气候变化大会制定了碳排放的标准、减排的目标和要求。中国政府积极响应世界气候变化大会的号召和要求，积极推进碳达峰、碳中和的工作。力争2030年前实现碳达峰，2060年前实现碳中和。资本对环境破坏是一个不争的事实，而对环境的修复需要巨大资金，需要很长的时间。

资本的破坏性也反映在资本腐蚀公权上。资本主义国家，资本过于强大，在制定法律、选举议员、选举总统上提前介入，制定体现资本意志的法律，选举符合资本利益的代理人。在中国，部分私人资本为追逐利润，公然违背法律，拉拢腐蚀政府官员，干扰正常的经济秩序。最近十多年揭露出的官员腐败案件，每一个腐败官员背后都有一个或几个资本持有人的腐蚀活动。只要有资本存在，腐蚀公权的现象就很难根除，因此反腐败是一个长期的艰巨任务。

资本的革命性和破坏性是资本的双重性，同时发生在资本运行过程中。新中国成立后的20多年里，我们采取驱逐外国资本，改造民族资本（使民族资本公共化），发展公共资本的政策，结果造成短缺经济，经济落后于世界先进水平，就是只看到资本的破坏性，没有看到资本的革命性。改革开放 40 多年的实践中，不断发挥资本的革命性作用，努力避免其破坏性的一面，使中国经济发生了根本性变化，突飞猛进。资本这一生产力要素、工具，社会主义可以利用，而且可以利用得好。资本的破坏作用除腐蚀公权外，其他破坏作用是公共资本、私人资本共有的，可以努力减轻，但不可能根绝。因此研究资本，以尽量减少资本的破坏性，防止资本腐蚀公权，减少资本的无序竞争盲目扩张，使资本更好地为中国特色社会主义服务。

资本的种类

中国改革开放以来，资本种类较多，有国有资本、集体资本、民营资本、外国资本、港澳台资本，还有混合资本，即国有或集体资本与民营、外资、港澳台资本的合资。概括起来分公共资本、私人资本和混合资本。

公　共　资　本

公共资本包括国有资本和集体资本。国有资本的种类也有几种：中央企业，省、市、县管理的企业，以及地方政府为融资成立的融资平台。国企的资金来源有多条渠道：一是国家各级财政的拨款，二是早年没收的官僚资本，三是赎买的民族资本，四是国有企业自身的积累。改革开放以来，中国坚持和完善社会主义基本经济制度，毫不动摇巩固和发展公有制经济，毫不动摇鼓励、支持、引导非公有制经济发展。国有经济不断发展、巩固，虽然国有资本为主导的企业数量减少了，但国有资本壮大了、增强了。本书说的国有资本不包括国有金融资本。据 2023 年 6 月国务院国有资产监督管理委员会网站发布的央企名录，央企只有 98 个集团公司，下面设的子公司、分公司有一万多个，据统计：2021 年央企营业总收入 36.3 万亿元，上缴税收 2.4 万亿元，利润 1.8 万亿元。有一批企业进入世界 500 强。中国的

地方国有企业 12.4 万个。这些企业 2020 年资本平均收益率为
5.4％。70％的企业分布在一般制造加工业，30％分布在服务业。有
35％的企业亏损。据估计地方国有企业的总资产在 166.3 万亿元。改
革开放以来中国各省份出现了一批融资平台的公司，如建设投资公
司、交通投资公司、农业投资公司等，这些公司担负着地方政府基础
设施的建设任务。由于地方政府在建设基础设施时，资金有暂时缺
口，成立这些平台公司向金融机构融资或与私人资本合作引资。政府
以财政收入和土地批租的收入作担保，目前这类公司平台有债务 20
万亿元以上。

国有资本不是中国的专利。美国、欧洲的英国和法国都存在国有
资本，20 世纪 80 年代以前还占较大比例。20 世纪 80 年代撒切尔夫
人担任英国首相期间发起了"私有化"运动，把大批国有资本私有
化，国有资本较多的法国也发起"私有化"运动。美国里根总统也搞
起了"私有化"运动，其他欧洲国家纷纷效仿。现在国有资本在西方
国家已很少了。但新加坡仍存在大量国有资本，而且经营较好。

国有资本是公共资本，属于全民所有，国家和地方政府代表人民
行使所有者的职责。

国有资本通过实现的税收，上交国家利润，借国家财政之手，实
现转移支付，用于改善民生，用于国家基础设施的建设。中国的医保
网涉及 13.5 亿人，社保网涉及 9 亿多人，还有世界最大的低保群体，
最大面积的廉租房等。基础设施更是世界领先，高铁总里程占全世界
的2/3，高速公路 9 万多千米，世界第一。这些都有国有资本的贡献。

国有资本经营的很大一部分是关乎国计民生的产业，如石油、电
力、煤炭、粮食的大部分收购批发、自来水、铁路、电信、军工、核
工业、航天工业等。这些产业中的产品价格必须接受国家物价部门的
指导价，不能随意随市场需求自由定价。这使关系到人民生活的粮
食、能源、自来水、交通的价格不会有太大的市场波动，从而起到了

平抑物价，惠及民生的重要作用。

国有资本还承担了坚持按劳分配、共同富裕的带头示范作用。改革开放以来，中国始终坚持按劳分配的原则，同时允许多种分配方式并存，允许技术、管理、资本等生产力要素参与社会分配，尤其注重保障资本获得增值和发展。国有资本一贯坚持社会主义按劳分配的原则，坚持多劳多得、少劳少得、不劳不得，贡献大小不一样收入不一样，技术高低不同收入不同。据 2021 年统计：国有制造业的年人均工资水平为 8.27 万元，而央企高管年收入为 60 万～80 万元，最高136 万元。国有制造业收入水平与民营企业和外资企业有较大差距，与国外大企业、跨国公司高管收入相差几十倍。国有企业的分配模式在全社会起到了很好的示范作用。

各地的融资平台公司，对近二十几年各地的基础设施建设起了很重要作用，促进了各地基础设施的改善，中国一、二线城市的基础设施，城市面貌发生了根本变化。例如地铁的发展，武汉市20年建了300 多千米地铁。地铁是花大钱的项目，地方财政收入暂时有缺口，融资平台公司通过"寅吃卯粮"办法，融资解决了资金的不足。地铁修成通车后，沿线两侧的土地使用权的价格翻番，政府通过批租土地收回大量土地使用费，也还了欠债。中国的土地财政不是靠土地吃饭，而是靠土地批租收入支撑基础设施建设，这在世界上是绝无仅有的。

中国国有资本在改革开放中走过了艰难的巩固发展过程。在改革开放前一段时期，国企遇到了空前的困难，管理落后，技术落后，企业办社会负担沉重，大部分国企陷于亏损的境地。20 世纪末到 21 世纪最初的几年，中国掀起了一场改制的风暴，数以十万计的国企，由原经营者或民企、外企买断、兼并、重组。留下的国企经过公司化改制，剥离企业的社会负担，组建企业集团，通过上市推进公司治理结构改革。同时加快企业技术改造，引进先进技术、人才、先进的管理。国有企业有了很大的发展，盈利水平成倍提高，资本的积累成倍增加，亏损企业大面积减少。许多企业已阔步走向国际市场，形成跨国公司。国有资本成为中国特色社会主义的主要支柱。

公共资本的另一个是集体资本。集体经济是中国特有的一种经济形态，它产生于20世纪50年代。这个集体是一个特定集体，组织起来的人群是在一个基层单位，如生产队、大队、公社、街道的工厂。改革开放以后，公社取消了，大队、生产队取消了，其财产分别由乡镇、村接收，原社队企业改制为乡镇企业、村办企业。后大部分乡镇企业、村办企业在市场中被淘汰，也有部分改制成为民营企业。如浙江的万向集团就是镇办企业改制的民营企业。随着改革开放的深入，许多农村组织了合作社，村民自愿参加，有的只有销售环节的合作，规模小、资本少。随着土地经营权制度改革，涉农企业、农民以村为单位，以土地流转的收入入股，形成村集体的资产，也是村集体入股企业的集体资本。另外，随着中国城市化的发展，许多城市近郊的村庄变成了城中村，土地逐步失去，村里积累了一定财富，这些村组建企业集团，主要经营商业、房产出租、服务业。这些集团和资本是村集体的财产，属于全体村民所有，每年给村民分红。这样的集体企业在一、二、三线城市有成千上万。城市中的街道经济在20世纪90年代以后基本淘汰。

集体经济在中国经济中只是一小部分，但涉及人口众多，农村还有几亿人，集体经济是中国农民的希望，随着土地的流转，荒山、荒坡的绿化和利用，合作社的发展，集体经济进一步得到壮大。农村将涌现一批新形式的集体资本，出现农民自愿参加的跨村、跨镇、跨县域的农民经济组织。这些经济组织突破了原有行政区划，虽然刚刚起步，但代表了农村集体经济的走向。

公共资本在中国也称公有经济，在中国经济总量中占有很大的比例。但作为资本，也有资本的特性，追逐利润，扩张情结，资本积累情结，资本风险，这些资本的特性是共同的。资本的两面性也同样具有，除了腐蚀公权这一破坏性，其他破坏性也是存在的。中国公共资本尤其是国有资本对国家宏观调控更敏感。宏观调控与市场调节相结合，以市场调节逐步决定资源的配置，这是中国经济的特征。而宏观调控毕竟是主观意志的体现，它的长处是有预见性，减少资本的破坏性，但也要求宏观调控尽可能接近市场实际。

在中国，国有资本是全体人民的财富，但资本及资本的积累是企业的法人财产，在企业面临巨大扩张需求面前，中国国有资本的收益主要是积累。给全体人民的利益是通过税收转移支付，近几年国家要求国企税后利润的10％要上交。集体资本是全体村民的财产，有盈利，村民要求一年一分红，集体积累主要是法定公积金、公益金。

私 人 资 本

私人资本在中国有三个类别，一是民营资本，二是外国资本，三是港澳台资本。

民营资本在中国是很大一块，有80％的企业是民营企业，有80％的就业人口和就业岗位在民营企业，中国国内生产总值（GDP）50％以上源于民营企业。据估计，中国有各类企业约4 000万个，民营企业约占80％。就业人口一般指城镇人口就业，就业岗位是指农民工进城的就业岗位。这两项相加，至少有6亿人，在民营企业就业达4亿多人，几乎与美国人口相等。巨大的就业人口，说明民营资本是涵养民生就业的土壤。4亿多人就业，涉及2亿多个家庭，涉及7亿多人口。民营资本和中国一半人口的生活幸福绑在一起。中国国内生产总值2021年是114万亿元，民营企业占50％以上，至少57万亿元。中国民营资本创造的GDP超过了日本、德国的国内生产总值。

民营资本在改革开放后才走上中国经济舞台，大多数是20世纪

80年代的个体工商户发展而成。民营资本40多年中发展很快，有许多企业发展成为大型企业、超大型企业。中型企业至少上百万家，许多企业已走向世界，与国际跨国公司竞争。一部分民营资本是20世纪90年代末、21世纪初国企改制而来，一部分是镇办村办企业、街办企业甚至校办企业改制而来。民营资本在发展中，原始积累靠改革开放的政策。20世纪80—90年代大力提倡发展城市个体经济，一是为了解决当时经济短缺问题，二是解决大批城镇人口就业。在这一过程中，许多个体户在解决经济的短缺问题中也积累了第一桶金。自20世纪90年代起，许多政府机关干部、知识分子下海经商，中国民营资本的第一批持有人具有文化知识、人脉关系、管理水平，具有一定市场经济的知识。在国家宏观政策支持下，有很多人取得了成功。另外，国企改制是把企业改成以原企业经营者为主的民营企业。原来企业的经营者本身是经营企业多年的精英。管理体制改变，所有制的改变给他们提供了舞台，取得了成功。乡村企业、校办企业本身是集体性质，是在计划经济的狭缝中生存，它的创始人、经营者本身是经营能手，改制后如鱼得水。也就是说中国原有的体制为民营企业准备了人才，改革开放政策促进了民营企业的发展，改革开放前期的短缺经济为民营企业提供了广阔的市场。政策的支持、市场的拓展为民营资本提供了资本积累。当然在这一过程中也出现了少数民营资本违法逐利的现象，腐蚀公权的现象，也出现无序竞争、盲目扩张倾向，国家正在纠正、引导，对违法严重的依法处理打击，开展反腐不放松，有效地抑制了民营资本的破坏作用。

民营企业很大一部分是小微企业，小微企业占民营企业的50%以上。这些企业多规模小，通常一个企业几十人，上百人的很少，这些企业大部分的厂房、生产经营场地是租的标准厂房，有小部分在靠近大城市的郊县买地或租地建厂。这些企业生产率比较低，一般人均企业增加值不会超十万元。企业经营的资金与家庭生活的资金统一使用。企业没有专职会计，一般在会计师事务所请一名兼职会计。这些会计一个人同时兼几个甚至几十个企业的会计。这些企业流动资金缺乏，基本上靠社会融资，靠小贷公司、高利贷公司的借款，利息比较高。另外，管理比较简单，层次少，许多老板既是管理者也是重要的劳动者。小微公司数量巨大，就业面也很大，就业者多数是文化水平偏低的劳动力。这样的民营企业往往处在生存与破产的连接处。产品的销路，企业的资金链，随时可窒息企业。当然，也随时可产生小微企业。这是个体经济向工业化大生产过渡的一种企业形态。这一方面说明中国民营资本登上经济舞台的时间很短，改革开放只有40多年，而西方资本的发展有300多年的历史。许多小微企业也是近几年从个体经济发展而来，资本的原始积累并没完成。另一方面说明中国民营资本有巨大发展空间和坚实的基础。一年有1‰的小微企业发展成为小型、中型企业。这一问题已引起我国高层重视，各金融机构已设立小微企业服务部，解决小微企业的融资难。政府在税务政策方面加大对小微企业的减免，甚至退税，促进小微企业的发展。正确引导小微企业是促进社会民营资本发展的重要一环。要鼓励大学毕业生到小微企业就业，改善小微企业的人才结构。

中国民营资本不但规模较大，而且资金利用率较高。据2021年统计：年末社会融资规模存量314.1万亿元，其中银行贷款约210万亿元，民营企业占全社会融资的35％左右，平均三元钱创造一元钱的企业增加值。中国国内生产总值2021年为114万亿元，平均约四元多钱创造一元钱的国内生产总值。

民营资本的发展，资本的副作用也明显显示出来。其一是盲目扩张，带来生产能力的大量过剩。中国的钢铁行业生产能力已达年产10亿吨，而需求大约4亿吨，超过6亿吨的生产能力，该需要多少投资。政府早几年就开始了宏观调控压缩钢铁生产能力。其他行业领域也有盲目扩张的现象。其二是无序竞争。许多企业生产山寨版产品，低价出售；有的以劣充优，打着优质、绿色的标志卖劣质产品。虽然严厉打击，但屡禁不止。其三是民营资本腐蚀公权的现象不断产生，是"前腐后继"的重要原因。

以上资本的破坏性作用，反映了资本的特性。在几千万民营企业中虽然破坏性资本只占千分之几，但影响大，给民营资本带来不良的社会效应。社会往往认识资本的革命性不足，而认识资本的破坏性很容易。

私人资本的第二类是外国资本。外国资本主要是来自欧洲国家、美国、韩国、日本，也有一部分来自新加坡、澳大利亚、新西兰等其他国家。外国资本在最近五年里纷纷涌向中国，近五年有 27 900 家外资在中国注册公司，仅 2021 年外资在中国投资就达 11 493.6 亿美元。而且现在进入中国投资的多为世界 500 强的大公司、跨国公司。2022 年青岛世界 500 强跨国公司峰会上有 186 家世界 500 强企业参加。290 家行业领军企业共签订总投资 156 亿美元，一次会议引进如此巨大投资实属罕见。本书尝试作一解释。

一是中国经济长期中、高速发展，而且显示了良好的韧性。中国经济连续中、高速增长 42 年。众所周知，2021 年中国的国内生产总值已突破 100 万亿元，占全世界 GDP 的 18%，是世界第二大经济体。近十年来虽然经济体量巨大，但仍保持 6% 左右的增长速度，成为世界经济增长的强大动力。中国经济的韧性已展示在世界面前。中国还将持续发展而且是中速增长，成为世界经济界的共同预期。

二是中国长期政治稳定，社会环境十分安全，对经营企业的外国资本具有巨大吸引力。中国共产党的坚强领导一如既往。没有他国执政党的定期更替和执政路线、方针、政策不断变化。中国长治久安的社会环境，没有社会动荡、没有动乱、没有骚乱，几乎没有枪击案。人身安全、财产安全有保障。在中国投资能赚钱，而且安全稳定。

三是中国国内市场巨大的潜力，吸引着世界跨国公司的眼球。

40 多年改革开放极大地提高了中国人的生活水平，现在 14 亿多人口消灭了贫困，全面建成小康社会，4 亿人进入中产阶层，这是世界最大的中产阶层。有 527.9 万富裕人口。在十年内中国的目标是中产阶层达 8 亿人口。中国正在构建以消费市场为核心的消费强国。未来 5 年内，中国将领跑全球高品质的消费。而高质量的消费发展将推动中国成为全球高品质消费的强大引力场。全球制造业向中国移动，技术向中国移动，资本向中国移动，人才向中国移动成为必然趋势。这给中国消费市场带来巨大的发展空间，各跨国巨头提前在中国布局，正是看中了中国消费市场的巨大潜力。

四是中国各级政府的执行力强，减少外国资本的进入成本，争取了时间，提高了资本的利用率。中国各级政府的执行力是世界少有的，在征地、拆迁、基建审批等世界级难点上，在中国能较快解决。中国政府的执行力成为中国投资环境的代名词。世界跨国公司正是看中了这一点。

五是中国近几年对外开放的新格局，成为外国资本投资中国的动力。最近几年我国进一步对外开放，最典型的是在上海举办的中国国际进口博览会，海南全省全面对外开放，建成自由贸易港。中国国际进口博览会规模一年比一年大。海南自由贸易港是世界最大的自由贸易区。当前进一步开放服务业，进一步开放资本市场，实现上海证券交易与香港的连通，这些都构成我国对外开放的新格局。外国资本家是十分敏感的，他们从对外开放的新格局中看到中国进一步改革开放的雄心，更看到中国市场的巨大活力。看好中国，投资中国，是外国大企业大财团的共识。

六是中国经济虽然有巨大发展，但许多行业的平均利润还在形成中，没有完全形成平均利润率。劳动力成本相对西方国家还是较低的，投资中国，资本的回报比其他国家要高。加上外国资本雄厚，加杠杆少一些，资本回报比中国民营资本还要高。这也是外国资本流入中国的重要因素。

外国资本大量流入中国，带来了资金，也带来了先进技术，更带来了世界先进的高质量的产品，为我国各类资本同外资合作带来机会，极大促进了中国经济的高质量发展。

外国资本的大量投入，也带来了一些负面的东西，如西方的价值观，西方文化的糟粕。改革开放40多年来，我国多次开展反对精神污染，反对资产阶级自由化等活动，就是抵御外国资本带来的负面效应。只要坚持改革开放，这一方面的斗争就是少不了的。

港澳台资本是私人资本。这一块在中国经济总量中占比较少，但在改革开放的初期，20世纪八九十年代，港澳台资本在内地是风景这边独好。改革开放初期，外国资本对中国改革开放的政策疑虑较大，中国国内对怎样改革开放也是摸着石头过河。20世纪80年代初的港澳台资本在内地最先试水。尤其是香港资本是带头进入内地的领头羊。有这样一个故事：香港商人霍英东率先在广州投资，合资打造了广州第一家五星级酒店——白天鹅大酒店。1983年2月该酒店正式开业，发了许多请柬，请广东省和广州市的领导，许多领导有疑虑不敢前往参加白天鹅开业晚餐酒会。请柬送给当时广东省委第一书记任仲夷，任仲夷立即表示参加，并叫秘书通知省里其他领导。任书记参加白天鹅大酒店的开业酒会，这在当时可是一件轰动全国的新闻。任仲夷书记在开业酒会上讲了三句话：都说没有免费的午餐，今天是免费的晚餐；这样的晚餐没有社会主义和资本主义之分；希望经常有这样的晚餐。这三句话既幽默又有意义。就是说资本不是光有负面效应的。资本不分姓"社"姓"资"，希望经常有这样开业庆典，欢迎外来资本来广东投资。这是一个真实的故事。一方面说明当时港商在内地投资需要多大的勇气，也说明当时许多干部对外来资本的态度是疑惑的。同时也说明当时广东省委书记任仲夷高举改革开放旗帜的大无畏气概。港澳台资本是最先进入内地的私人资本。当时中央为支持港澳台资本来内地投资，特别指出港澳台资本享受"两免三减"的待遇，即企业所得税在两年内全免，第三年减半征收。

港澳台资本的持有人是中国人，当时对改革开放方针、政策的理解远远超过外国资本。敢于率先到内地投资的商人了解中国共产党，所以敢于在改革开放的初期投资内地。通过他们的示范带头作用和反复的宣传，带动了外国资本进入中国。港澳台资本的历史功绩是永远都不能抹杀的。现在港澳台资本在内地经济总量不大，占比不高，但企业还有很多，尤其是在广东、上海、福建、浙江等地。仅在东莞一个城市就有台资企业数以千计。东莞市成为 24 个 GDP 万亿元城市之一，台湾资本的贡献、香港资本的贡献少不了。

混　合　资　本

混合资本是一个新概念，在中国特指私人资本和公共资本的长期合资的"混合经济"。早在 20 世纪 80 年代晚期，中国就提出了"混合经济"的概念。这一概念和当时的合资公司是有区别的，当时合资公司是有年限的，比如说白天鹅酒店合作经营 30 年，然后无条件交给国有一方。混合经济是一种所有制形态，即公共资本、私有资本混在一个企业内，长期共存，清算时按各自的股份承担责任分享收益。

混合经济把公共资本、私人资本的优势有机结合，充分发挥共同的优势，最大限度地提高企业资产的利用率。国有资本的优势是资金雄厚，国情熟悉，对宏观调控敏感等，私人资本的优势是贴近市场，熟悉现代企业制度，法人治理结构。国有企业经过"混改"，企业由单一的公共资本变成混合资本，企业的治理结构就发生根本变化。企业治理结构简单地说是怎样治理企业，如：公司的领导体制，公司的经营者怎样选择；公司的高层管理人员的确立及报酬的确定；公司的经营方针、经营策略、重大事项如何确立；公司的分立、结算以及对经营者、高层管理者、员工的奖惩等。国有企业在这类问题上长期习惯于上级文件，按文件规定执行，文件可纠正本公司作出的决定。混合所有制的企业，必须严格按现代企业制度办事。中国有《中华人民共和国公司法》，企业的分配方案，经营方针，重大经营举措，董事会的董事产生，企业的分立重组、兼并、清算，年度经营计划等必须经过股东大会通过。企业的董事会负责提出上述事项的方案，供股东大会表决。企业的董事会是企业的决策机构，决定公司总经理的聘用；副总经理、财务总监等高管由总经理提名董事会通过任命；企业高管、经营者的报酬，企业员工及技术人员、高管、经营者的奖励基金总盘子由董事会确定，具体到人由总经理决定。公司的执行人是总经理，总经理对董事会负责，企业实行总经理负责制，企业的高管对企业总经理负责。总经理办公会是总经理咨询和安排工作的机构，不是一级权力机构，不实行少数服从多数的体制。企业党组织的意图，上级的文件精神通过董事会的决定体现，而不是其他。董事会通过的决议，不能用上级文件纠正而是通过下次董事会决议来纠正。董事会决议违背法律由投赞成票的董事负责。公司与公司是平等的，混合所有制公司的大股东是国有公司的，其上级公司无权直接干涉混合制公司的经营、干涉董事会决定，只能通过国有公司派出的董事在下次董事会提出纠正的意见并形成新的决定。没有经过这一程序，上级公司文件及领导人的意见都是无效的。总经理执行董事会决议，负责日常工作，只要在董事会的决议范围内都是应该的。这一套就是现代企业制度的法人治理结构。企业是法人，法人治理企业。这就排除了外力对企业的影响，使企业更贴近市场，少犯失误，多赢利。至于国家宏观调控具体政策涉及某行业的企业，混合所有制企业一样应服从宏观调控的政策措施。

混合所有制企业既有国有资本也有私人资本，增加了企业的资金

实力，也增强了企业的技术实力，增加了人才实力，有利于企业更好
发挥现有劳动力资源、资金资源、设备资源、技术资源等作用，有效
提高劳动生产率、资金利用率、设备利用率，使资本取得较高的回
报。这是一个双赢的体制，有发展前途，是国有资本改革的方向，也
是国有资本发挥更大作用，推动中国经济发展的动力。

第三章

资本的持有者

　　不同性质的资本，其持有者是不一样的。公共资本中的国有资本，其持有者是全体中国人民，由政府代表全体人民作为企业的管理者。其资本创造的收益一部分是作为国有企业的积累，一部分上交国家财政，通过转移支付解决全体人民的基本福利。集体资本的持有者是农民，村组织代为管理。中国集体经济有很大一块是农民经营使用的土地。随着改革开放的深入，农村的土地可以流转，部分土地的使用权逐步发生了变化，给农民带来了新的收益或新的资本。许多农民的土地使用权变成了商业用房、企业的资本，农民每年从租金收益、资本收益中分得红利。

　　私人资本的民营资本、外国资本和港澳台资本，都是不同的人的私人财富转化而成。本章着重介绍的是中国民营资本的持有人。民营资本的持有人是指中国民营企业的资本的持有人。中国有几千万民营企业，投资这些企业的资本持有人也是一个很大群体，这些企业资本的持有者有一个人拥有几家企业股份的，也有投一家企业的。这些资本的持有者，不分男女，不分年龄，七八十岁也可以是资本的持有者，也不分退休还是在职（除国家公务人员以外）。

民营资本持有者

中国民营资本持有者，许多人是个体工商户发展而来的。中国有上亿的个体工商户，个体工商经营户有了一定积累，自己开厂、开商店资金又不够，也缺乏管理经验。第一种形式是把一定的资金入股到亲朋好友或街坊邻居主办的企业中。第二种形式是加盟到连锁经营的行业中，交一定的加盟费，统一进货渠道，自带网点、流动资金，成为一个连锁商业的加盟店的老板。第三种形式是个体工商户直接发展成小微企业。部分企业为了稳定骨干员工、技术人员、高管阶层，使上述人员持有公司部分股份，使一些有工资性收入的员工成了资本的持有人。如华为公司有上万员工持有公司的股份，而创始人任正非只有公司百分之一的股份。企业高管通过期权或奖励股份而持有企业股份是常见现象，许多企业高管、技术骨干既是管理职员、技术员工，也是企业资本的持有人。

随着城乡居民收入的不断提高，中国中产阶层已形成，家庭年收入 10 万～50 万元的家庭上亿个，这些家庭有资金积累，除了买房、储蓄外，第三位就是寻找投资渠道，很多人通过亲朋好友投资企业的股份，成为资本持有者。随着家庭财富的增长，把私人财富转化为资本的人群正在扩大。中国近几年居民财产性收入在逐年增加，当然占收入比重很小，资本投资少也是主要原因。资本持有者目前在中国是一个不断扩大的人群，社会资本在不断扩充，除资本本身积累外，新的居民财富转化为资本是一个趋势。

在中国资本市场，这里主要指证券交易市场，活跃着上千万大小投资人，还有不少专业投资人，这些人既是资本的持有者，又是资本市场的投资人。这些人持有的股份是经常变化的，持股的多寡也不统一。这中间不乏以炒股为业的专业人士。

改革开放 40 多年来，中国社会资本的持有者呈现日益增长的趋势。据 2021 年市场监管部门统计，一年大约有 300 万个新登记市场主体，这些市场主体中有大量的是个体户。登记注册公司中有一定资本的企业估计也有几十万个。这说明什么呢？说明中国人的思想观念发生了深刻的变化。中国经历了两千多年封建社会和一百多年半殖民地半封建社会。1949 年新中国成立以后，又实行了 30 年的单一的公有制和计划经济。自给自足、重农轻商、求稳怕风险、平均主义等思想意识十分强烈。渴望稳定，喜欢确定性，害怕风险是中国人的普遍思想。因此有那么多人把自己的一生或一个家庭积累的财富投资于房产，据统计：中国居民财富中用于配置房产的比例是 59.1％。中国的房产是政府唯一出具完备的登记手续的不动产。有房产证、有土地使用证抵押可办其他权证。房产是不动产，又能交易、抵押、继承、赠予，证件齐全手续完备，符合中国人喜欢确定性心理。再一方面，中国近 30 年城市化进程推动下，房价只涨不跌，形成一种投资房产稳赚不赔的印象。许多居民家庭拥有二套房、三套房。另外，中国人的财富喜欢储蓄，2020 年、2021 年，储蓄增长都达 110 万亿元。而消费市场不增反而降 0.7％。这就充分说明中国人渴望稳定的心理。随着改革开放的深入，越来越多的人把投资企业作为重要选项，追逐财产性收入。资本持有者的队伍越来越壮大，这是一种社会进步的好现象，也是中国经济发展的原生动力。

资 本 家 阶 层

中国资本持有者是一个很大的群体，这个群体当然包括资本家。资本家这一概念产生已有近 300 年的历史，西方传统意义上的资本家概念是：占有资本雇用工人并剥削工人，获取剩余价值的人。经过近 300 年的发展，西方资本家的状况有了较大变化。大部分资本家变成食利阶层，他们的资本、财富是靠继承。继承的财富收益率高是因为财富在最初继承时的体量庞大。如1907年欧仁·舒埃勒发明了染发剂系列产品而产生的欧莱雅集团，现在是庞大的化妆品商业帝国。其继承人利莉亚娜·贝当古一辈子从来没有工作，其财富由20亿美元二十多年时间增长到250亿美元。财富增长的速度，几乎与电脑操作系统的巨头微软公司创始人比尔·盖茨的财富增长相等。十多年来，全球亿万富翁达400多人。西方社会像利莉亚娜·贝当古这样的食利资本家大有人在，创业型的资本持有者也大有人在。西方国家资本家的资本异常雄厚，资本总量超过全社会广义货币M2的几倍。资本的收益几乎都能用于再投资，资本家拥有大量的财富，每年只要拿出财富收益中的很少一部分，就足以让自己过上极为奢华的生活。现代科技的发展，使资本家逐渐由剥削工人转变到依靠技术提高生产率水平上来。

中国资本家与西方资本家既有共同之处，也有许多不同之处。中国资本家指占有一定资本，雇用劳动力，并经营管理企业的资本持有者。这里有几层意思，第一层意思是：资本家占有资本而且是一定量资本。具体到一个企业资本家拥有的资本要么是绝对控股，即拥有企业股份的51%以上，要么是相对控股虽然股份只有10%或20%，但是最大的股东，有召集股东大会的权利。第二层意思是：资本家一定要雇用劳动力。如果有资本而不雇用劳动力，那属个体经营者。按传统经济学理论雇用工人就是剥削。在改革开放初期，发生了一场雇用多少劳动力是剥削的争论，有的人引经据典，得出结论是雇用7个人以上，业主就是资本家，雇用6个工人就为个体工商户。也有许多人反对这一说法。这一问题的争论惊动了邓小平，他说：发展是硬道理，不争论姓"资"姓"社"的问题。当时发生争论主要是资本家的概念比较陈旧，不能反映中国当时的实际，当时的实际是大量的劳动力需要劳动岗位，仅回城知识青年就有几百万人。另外也不能反映改革开放发展中国经济的实践，当时中国更需要多方面资金进入中国，发展经济。今天大家已认识到资本雇用劳动力，创造就业岗位是对社会的贡献，雇用劳动力越多越好。2022 年中央提出的"稳经济"第一稳就是稳就业。第三层意思是：资本家不仅拥有资本，雇用工人，而且经营企业、管理企业。本书就这一问题将做进一步阐述，这里只强调一点：经营是劳动、管理也是劳动，而且是比较高级的脑力劳动。

按上述概念，能称得上资本家的在资本持有者中只占少数。有学者估计，2020 年中国人均拥有 100 万美元以上的富裕人口是527.9 万人。按 3 或 2 个人为一个家庭，是 168 万个家庭。在 168 万个富裕家庭中除有一些文艺界明星、体育界名人、少数自由职业者外，资本家家庭至少占 160 万个。拥有一个规模以上企业的家庭在 160 万个以上，有的家庭拥有 2 个或 3 个企业。资本家人口占全国人口的3.57‰，估计占资本持有者的 10％ 以下。这部分人占有大量资本。中国大多数是小资本家，也就是小业主。他们拥有的资本很有限，雇用的工人十几人、几十人，自己经营企业产、供、销，自己或家人、亲戚、朋友打理企业。这样的小业主是大量的。他们日夜想着把企业做大、做强，但资金、技术、人才却都是瓶颈。这些小微企业主只能算一个小业主，不够资本家标准。

中国的资本家与外国的资本家有相同地方，也有不同的特点。中国的民营资本完全是在改革开放 40 多年中发展起来的。中国的资本家大多数亲身经历了改革开放的全过程，他们在改革开放的大潮中敢于弄潮。他们首先是一名创业者。有的是从个体工商户开始打拼，积累了资金开始投资企业，百折不挠终于做大了企业，这样的例子成千上万。还有一些人，他们大学毕业后直接创业或者打几年工后创业。他们是中国最先接触计算机行业的人，最先应用网络的人，也是最先把网络与各种行业结合的人。中国互联网的行业巨头百度、腾讯、小米、阿里巴巴等企业的创始人都是这一前沿领域的创业者。另外一些原是国有企业或集体企业的经营者，他们在改革开放过程中成为民营企业的创业者。中国的资本家是一群创业者，这是一个显著的特征。

中国的资本家阶层同时也是企业家阶层。企业家阶层是 19 世纪中期到 20 世纪逐渐形成一个相对独立的阶层。他们是一群特殊的劳动者，是专门经营企业的人。说他们是相对独立，是因为这群人离不开资本，离开了资本就没有舞台。在欧美，经过近 300 年的资本主义发展，社会资本的力量空前强大，虽然不断产生新的伟大的创业者，如比尔·盖茨、乔布斯，但资本的主流仍是靠继承、传承。很多继承人是富三代、富四代，他们有的不热衷经营，有的不善经营，有的根本不懂经营。于是经营资本、经营企业的企业家阶层应运而生。

什么是企业家？一是要有比较丰富的经济知识和市场经验，能比一般人早一步或几步看到赚钱的机会。这是企业家的最基本素质。一般人总是喜欢当跟随者，别人赚了钱就跟上去，结果亏了又拍屁股走人。有些学院派的经济人士，说起来头头是道，可是一上市场就不知东西南北，或迈不了步，或瞎迈步。做股票只赔不赚，做企业一亏再亏。这些人只是"谈匠"，根本没有市场经验。没有市场十年八年摸爬滚打的经验是不能称为企业家的。二是有多年做企业高管的实践。企业高管指副总经理、财务总监、董事会秘书等。这些人长期分管一方面工作，接触董事长、总经理时间多，耳濡目染，自己有心学习，留意公司决策、经营的过程，加上良好的职业道德，从高管中脱颖而出。三是要有管理知识和管理经验。对企业的人事管理、物资管理、财务管理、质量管理熟悉。四是要有较强的组织能力和驾驭能力。对企业中各种性格、不同年龄、不同专业的人能发挥其特长，避其短处，使其在企业中和睦共事。当然也要有一定的专业知识，但企业家不是技术专家，而是一个专门经营企业的专家。

　　企业家是一个脑力劳动的阶层，是当今社会劳动力价格最高、最昂贵的劳动者。他们有年薪，有的还有期权，还有奖励。企业家持有服务公司的资本是一个常态。企业家不见得一生只服务一个企业，他们是流动的。中国专业企业家人数较少，构不成一个阶层，若加上资本家同时又是企业家勉强构成一个社会阶层。

　　中国资本家从创业开始摸爬滚打，从企业起步开始，一边学习一边经营企业，管理企业，几年、十几年下来，企业发展了，做大做强了。资本的持有人成了资本家，也积累了丰富的企业经营管理的经验，还有不少人到大学的企业管理班去充电。小企业主变成大企业的管理者、标准的企业家。有一些民营企业聘用了总经理，只是帮企业主处理一些日常事务，大决策、企业的主要事项还是企业家自己打理。现在许多企业的老板年事已高，开始培养自己的子女，先做高管，几年后做总经理，资本家本人仍然处于企业的中心地位，总经理的接班人只是学习处理部分日常业务。经过若干年、上十年的锻炼学习，第二代的企业家产生了。资本家又是企业家，经营管理公司一般只拿少量的工资，这个工资比专职企业家少很多，就是在相对控股的公司，资本家兼企业家的董事长或兼总经理，他们拿工资也比专职企业家要少。原因很简单，少交个人所得税。个人所得税累进制，最高55％，而个人分红所得只用交所得税20％。再一个原因是资本积累无止境，何况中国资本就是中型、大型民企，也不过刚完成原始积累。

　　是资本家又是企业家的人，国际上也有，但没有中国这么普遍，这是中国特色。这就是说中国资本家既有非劳动的资本收入，也应该有最贵的劳动收入。由于需要完成资本的原始积累，和资本积累的特性，这些收入绝大部分成了企业的资本积累，促进加快了企业的华丽转型。

　　中国资本家是中国特色社会主义事业的建设者。中国在20世纪

80 年代末，提出了中国正处在社会主义初级阶段的重大判断。这是分析了中国近百年历史和新中国成立以来的历史经验，得出的科学结论。当时的状况是：中国虽然奋起直追欧美等国家，但生产力落后仍是主要方面。绝对贫困人口还有几亿，完全独立的工业体系还在形成中，按照马克思、恩格斯的观点，社会主义是建立在资本主义高度发展的经济基础之上的。中国是从半殖民地半封建的自然经济为主的国家建设社会主义，只能是处在社会主义的初级阶段。中心任务是发展生产力，经济上奋力追赶发达的资本主义国家。这一历史阶段很长，至少 100 年以上。现在虽然经过 40 多年改革开放，经济总量达世界第二，彻底消除了绝对贫困，建立了完全独立的完整的工业体系，但我国仍处在社会主义初级阶段。我国的人均 GDP 只有 1.2 万美元，还不到高收入国家的起点 12 695 美元，欧盟人均 GDP 是 3.5 万欧元，美国人均 GDP 4 万多美元。中国要达到高收入国家中等标准，还有一段较长距离。中国仍处在社会主义的初级阶段。这一阶段中，发展是硬道理，发展生产力，发展经济是中心任务，一切为发展生产力做贡献的人，都是社会主义初级阶段的建设者。中国资本在改革开放 40 多年中贡献巨大，民营资本也起了重大作用，民营资本家是中国特色社会主义事业的建设者。

中国资本家绝大部分人都是改革开放的直接受益者。他们热爱祖国，衷心拥护共产党的领导，认同中国特色社会主义的制度，诚心拥护改革开放的路线方针。现在有一论调，中国的资本家扩大了中国的贫富差距。这一论调的理论支撑是西方经济学界提供的分析。西方一方面炒作中国改革开放以来贫富差距扩大、恩格尔系数多年超警戒线；另一方面又说中国对资本管制，限制民营资本外流。他们怀疑中国的百万富翁、亿万富翁是否为财富的拥有者。这是一对矛盾的命题。中国资本家的财富主要在资本和资本积累中。财富绝大部分已转化为企业法人财产，在经营中、在为中国发展经济、推动生产力发展的运动中。本书在第一章中已经说明这种状况下的资本与资本积累是社会财富。

另外有数以千万计的小业主，他们向往成为资本家，但成功的只有 10% 左右。一半以上惨遭淘汰破产，少部分原地踏步。当然每时每刻都有人加入进来。中国的资本家阶层从人数来看、从占有资本数量来看都是力量比较弱小的。因此中国资本既有发展的空间，也有发展的基础。当前小业主阶层的困难是融资，尤其是从正规银行融资难。小微企业在银行的贷款不会超过总贷款的 5%。要支持小微企业发展，能否成立专门的小微企业银行，贷款利息比一般可高 50%，风险准备金的比例可提高一倍，使小微企业彻底从依靠社会小贷公司、高利贷机构中解放出来。小微企业承担了上亿人的就业，占全社会总融资 15% 也是应该的。中国 2021 年末社会融资规模存量314.1 万亿元，小微企业融资如能达到 45 万亿元，那小微企业生存率会大幅提高，小微企业的上升通道将扩宽，社会的就业量将提高，税收将大幅度提高。经济提高的绝对额将远远超过小微企业产生的银行坏账。

资本持有人在改革开放 40 多年的发展，反映了中国经济的蓬勃发展，居民家庭财富不断积累。越来越多的人希望有财产性收入。中国私人资本持有人已是一个很大的群体，资本家就是这群体中很小部分，但这部分人估计占持有民营资本的 50% 以上。

资本主义简述

关于资本主义，是本书必须面对的，但是又不可能系统阐述。这方面许多政治家、政治经济学家有系统的论述。这里仅作简单的介绍。

资本主义是一种社会制度，产生于 300 多年前的英国。以英国为代表的工业革命，推动了一个新兴的阶级——资产阶级的产生，他们逐渐成为社会主体，因此在政治上要求改变封建领主制度，通过资产阶级革命，资产阶级取得了政权，建立了资本主义的国家制度。接着是法国经过近百年的资产阶级革命，资产阶级终于取得了政权。240多年前的美国打破英国殖民统治，宣布独立，逐步建立了比较完备的资本主义制度体系。在此期间西欧也逐步建立了资本主义制度的国家。资本主义制度有如下特征：

政治上三权分立，立法、司法、行政权力分立，实行一人一票选举制度，多党制。资本的力量，主要是私人资本特别强大。社会力量、政治力量比较弱小，政治力量是资本力量的附属品。2022年5月24日，美国得克萨斯州桑迪胡克小学发生了一起枪击案，19个小学生和2名教师失去了生命。就在受害者家庭仍在悲痛万分，全美国涌现抗议浪潮之时，美国年度最大规模的"枪展"——美国全国步枪协会年度大会及产品展览会5月27日在得克萨斯州如期举行。展销活动面积占地5.7万平方米，展示了全行业最新的枪支和装备。美国全国步枪协会是美国枪支、装备的制造商即资本家的行业组织。美国政府出动大量警力维持步枪协会和产品展览秩序。美国的"控枪"运动已经历了很多年。从拜登担任美国副总统就致力于"控枪"，但美国每年仍发生一万多起枪击案，伤亡一万多人，触目惊心。而控枪的提案则止步于国会，因为控枪要修改宪法第二修正案。修改宪法要四分之三的议员通过，美国议员都是美国不同财团出了政治献金选出来的，其中部分议员是步枪协会的政治献金选出来的，代表步枪协会资本家的利益，他们投反对票，国会的控枪案达不到四分之三的议员通过，宪法不能修改，"控枪"就失败了。步枪协会并不是美国最大的行业协会。从"控枪"一事说明美国的政治制度，美国的政治力量是资本力量的代表。社会力量也比较弱小，不能从制度上、法律上维护人民的生命安全。

　　从经济上看，资本家阶层及其拥有的财富是资本主义国家的经济基础。私人资本的总量、私人资本积累的财富是整个社会的主体。以美国为例，2020年美国百万美元财产以上富人约2 195万人，其财富占社会总财富的60%以上，而人口只占5%。国家的税收主要来自资本家主导的企业。资本主义的美国国家负债很重，其债务接近一年的国民收入总值，美国2020年GDP为20.68万亿美元，国家的债务也差不多这个数，这些债务中有一部分债权人是其他国家，如中国、日本等国，但主要是美国公民，而且以资本家居多。

　　另一个经济上的重要特征是：发达资本主义国家的金融市场繁荣，深度干预经济。证券交易、期货交易、期指交易等异常繁荣。美国证券交易市场一般加杠杆是1：12，最高水平是1：40。所以市场交易异常活跃。2022年4月13日据万得数据（WIND）统计，美国三大交易所总市值63.9万亿美元，而中国A股作为世界第二大股票市场，总市值为78.06万亿元人民币。世界许多企业在美国上市。美国利用金融市场的强大力量，在世界资本市场上兴风作浪，侵蚀新兴市场国家。1998年的亚洲金融危机，就是美国金融大鳄量子基金会的"杰作"。

　　资本主义也是一种意识形态。资产阶级在300多年前反对封建专制的斗争中，产生了一整套独立的意识形态和思想文化。首先是以自我为核心的个人利己主义；其次是主张经济、贸易自由平等，反对封建特权的思想；再次是维护资本主义制度的民主、博爱、人权等理论。当资产阶级取得政权后，将这一意识形态形成体系。一方面成为维护资本主义制度的思想武器，另一方面成为颠覆独立国家，对抗社会主义国家的思想文化武器。当今资本主义国家甚至以资本主义意识形态形成的一套理论来评判别国事务，经常挥舞"民主""人权"的大棒干涉他国内政，或评判一个国家的是非。

　　资本与资本主义有关联，没有资本哪有资本主义。但资本是生产力要素、是生产经营牟利的工具。资本主义是一种社会制度，也是一种意识形态。资本不是资本主义的专利，资本主义能利用它，社会主义也能应用。资本家是资本主义制度的经济基础，但不是资本主义。社会主义初级阶段出现的资本家，是社会主义的建设者，其拥有的资本和资本积累是社会主义的经济基础，不能把资本主义和资本家混为一谈。

第四章

资本与企业

企业是一个经济单位，或从事生产经营，或从事购销运输，或从事服务业。有各种不同行业的企业，如：农业企业、制造业企业、运输企业、金融企业、服务型企业等。企业规模大小不同，有特大型企业、大型企业、中型企业、小微企业。无论是哪一种企业都是生产力要素的载体。每一个企业不可能是全部生产力要素的载体，但每一个企业必须有资本这一生产力要素。

资本是企业最重要的生产力要素

什么是生产力？生产力是人类征服自然的能力。生产力的发展推动社会进步。生产力是一个逐渐发展的过程。生产力由若干生产力要素组成，其中劳动力是基本要素之一，其他要素有一个逐步发展的过程。最原始的生产力是人和工具的结合。原始的工具是简单的，人使用棍子与野兽搏斗获取食物。随着时间推移，工具有了发展，人类学会冶炼青铜，制造了许多青铜器，包括用于农业生产的工具，人类从狩猎为主转向种植业。生产力发展了，人们生产的食物开始自给有余。但农业生产动力仍然是人力。后来开始使用畜力，农业使用畜力有限。到了东汉末年，中国农业发生了革命性变化，农业开始使用耕牛。耕牛的使用，使中国农业进入一个新时期，农业生产动力进入人力和畜力相结合的时期，这一时期一直延续到 20 世纪末，中国的农业机械化才开始逐步取代畜力。在远古时期谁拥有耕牛用于农业，谁的农业生产力就发展较快。三国初期有一个故事，讲的是曹操以食盐换耕牛，然后将耕牛租给农民，再收取农民粮食抵租金。公元 190 年左右，东汉天下大乱，各州发生割据。曹操占有现在的山东一部分，靠近沿海。有人向曹操建议：山东沿海出食盐，用食盐到市场换耕牛，然后把耕牛租给农民，农民用收的粮食偿还租金。曹操听取了这建议，用大批食盐换取了上万头耕牛，租借给农民家庭，辖区农民家庭迅速提高了生产力水平，由刀耕火种到深耕细作，耕地也增加了，粮食产量也大大提高了。曹操每年收取了大批粮食，从而招兵买马，成为割据一方的大诸侯，逐步统一了北方。这个故事告诉我们，谁抓住了生产力的新要素，谁就能发展经济，经济发展了，实力就强大了。

生产力要素在人类发展史上是一个不断发展的过程。尤其是 300 年前的第一次工业革命，人使用的工具发生了根本性变化。蒸汽机的采用，电的发明，各种能源、资源的利用，使生产力要素得到快速发展。劳动力、土地、机器等生产力要素组合在一个企业中。随着经济的发展，技术、管理、资金、信息、数字技术逐步成为生产力要素。生产力要素是生产力的组成部分，每一个生产力要素可以转化为一般等价物——货币，可以在市场上交易买卖。谁买卖这些生产力要素呢？只有企业。企业凭什么去购买生产力要素呢？就是凭企业的资本金或由资本金加杠杆引来的资金。只要有企业就有资本，企业资本在第一次工业革命中就成为企业最重要的生产力要素。

资本是企业黏合剂，先有资本才有企业。现在注册公司首先要到位至少 10% 的注册资本，是中国注册公司的起码要求。企业要存在，企业注册后要运行就必须有一定的资本金。要招聘人员，招聘的员工先要培训才能上岗，就是熟练工种也需要熟悉设备、工艺，工人是要发工资的。这个时候企业还没有生产或刚生产产品还没有变现，员工工资需要从资本中支出。这样只支不收的状况一直要维持到公司产品卖出收回资金。公司成立需要土地，土地在中国虽然只有使用权，但使用权是有价格的，必须是现钱。即使是租赁厂房，也要先交保证金，一季度的租金，因此土地、厂房这些生产力的要素是用资本在市场上购来或租来的。生产工具——机器、设备等也必须是先拿钱买来，也可以租来，但要保证金，大约是设备价值的10%，另外要付首期租金，还要有可靠的担保或抵押。又如专利技术、信息、数据、管理，开始可不购买，少用或不用，但生产经营时间长了，是要购买的。管理也是生产要素，虽然它看不见、摸不着，但它是无形资产，这个无形资产在高管团队和企业家的大脑中。没有资本，企业家、高管团队是不会到你企业中来的。前文也说到了企业家、高管团队是社会上最昂贵的劳动力。技术专利必须在市场上花钱购买，或花大价钱去请持有专利的人才。企业是生产、经营的基本单元，是生产力诸要素的载体，而资本不仅是生产力要素，更是把其他生产力要素聚集在企业中，使企业成为市场主体，成为社会的一个经济细胞。可以想象，没有资本的企业，其他生产力要素是不会聚集在企业的。一个企业的生产力要素有多有少，但资本是绝不可能缺少的。有了资本，劳动力、土地、设备、技术、管理、信息、数据、资源才有可能汇集到企业这个载体中来，企业才能形成生产能力。企业经营好了，才有别的企业或个人拿资金、专利、管理来参股。企业有经营利润，有市场前景，别人才会来投资入股。

资本与企业融资能力

资本决定企业的融资能力。企业经营有许多渠道，如依靠独创技术占领市场，在新兴产业挖掘市场潜力，靠巧妙的营销手段赢得市场，等等。企业经营取得盈利的基本方法，就是在企业自有资金上加杠杆。现在中国企业经营时间较短，有的刚完成资本积累，有的原始资本积累正在进行。融资能力、负债能力是企业经营好坏的关键。这里介绍一下原始积累。原始积累是一个专有名词，即指资本生产发展到大生产方式。生产方式是人类获得物质生活资料的方式。这种生产方式根据获得物质生活资料的能力，分为小、中、大生产方式。原始积累，一是特指资本，而且是指社会资本，不是个别资本；二是指资本获取财富的能力；三是指资本进入大的生产方式。大的生产方式，包括生产规模、资本雄厚程度、产品占有较大份额市场。社会的主流资本达到大的生产方式，这就是社会资本完成了原始积累，但还有许多小微企业在原始积累中。当社会资本完成原始积累后，全社会逐步形成资本的平均利润率，形成劳动力的平均价格，当然熟练程度、技能水平、知识水平不同，劳动力的价格也不同。劳动力平均价格是指不同行业形成一个平均价格，各企业招聘员工可在平均价格上下浮动。

西方资本主义发达国家，早在 19 世纪末 20 世纪初就完成了原始积累。据统计，西方国家资本的总量相当于其国内生产总值的5～6倍。资本可以支持生产经营的需求。而我国改革开放只有 40 多年，这么短的时间怎样完成资本原始积累，中国政府的一条重要措施就是加大资金的投放量。到 2021 年中国广义货币 M2 的投放量，相当于欧盟和美国广义货币的总和。为什么没有引起严重的通胀，因为中国居民的财富 59.1% 购买了房产，还有 100 多万亿元的居民储蓄，所以物价比较平稳。这些货币除准备金外，用于发放贷款，支持企业，给企业适当加杠杆，这是新兴市场国家发展的一个诀窍。当年韩国在资本积累的时期，不但发放大量贷款，还有一段时期给企业提供无息贷款。近几年中国广义货币增长水平逐步控制在 10% 以内，最高年份是 28%，但基数已相当庞大，2021 年是 238.29 万亿元，年末社会融资规模存量为 314.1 万亿元。这一举措坚持了 30 多年，中国各类资本都受益，国有资本受益巨大。民营资本融资总量占社会总融资的 35％ 左右，也是受益巨大，有 110 万亿元资金用于民营企业。

资本是企业融资能力的决定因素。其一是中国对企业适当加杠杆是有限制的，前提有许多，如市场占有率、技术条件、现金流等，最重要的是企业资产负债率必须在 70％ 以下。资产负债率是指企业总资产占负债的比列，包括：金融机构的融资、各种应付款。负债率低于 70％ 是中国银行业的一道红线。按此比例，自有资金 1 元钱可贷款或负债 2.33 元。企业加杠杆的比例是 1：2.33。企业自有资金的组成有资本金、资本积累、未分配利润，主要是资本金。资本积累到原资本的 50％，可转增资本金，如：企业有自有资金 1 亿元，那融资能力是 2.33 亿元，自有资金是 2 亿元，那融资能力是 4.66 亿元，如此类推，资本越大，自有资金愈多，融资能力就愈强。

其二是企业资产量决定企业的增加值，企业的增加值即企业的营业收入减去物化成本，不含劳动力的成本。我国实行的增值税就是依据企业增加值征收。企业的资产包括固定资产（厂房、设备、场地、办公设施等）、流动资产（原材料、现金、在产品、库存产品等）。企业资产总量决定企业的增加值。2021 年民营企业的增加值为 57 万亿元，融资总量在 10 万亿元，民营资本估计在 60 万亿元左右，大约 3 元的资产创造 1 元的企业增加值。这个资产利用率水平是够高的。为什么呢？民营企业机制灵活，程序简单。再一方面民营企业中大量的小微企业是靠社会上的小贷、高利贷融资，无法统计准确数字。民间借贷利息高，逼迫企业提高资金的周转速度。3 元的资产创造 1 元的企业增加值，资产越大企业增加值越高，企业增加值越高企业利润就越高。一般来讲企业增加值减去增值税，减去劳动力成本，减去折旧，减去管理成本、销售成本、融资成本，就是企业利润。其中折旧、劳动力成本、管理成本是固定成本，企业增加值越高，固定成本含量越低。企业利润减去所得税，就是企业净利润。企业的资产总量是由企业融资能力决定的，企业的融资能力是由企业的净资产决定的。资本与资本积累是企业净资产的最主要组成部分。

其三，企业要扩大市场，增加市场份额，必须不断扩大再生产，不断进行更新改造，这需要资金支持。企业为长远利益开展科研，投资未成熟的新兴产业，短期内看不到效益，需要资金支撑。这些是企业长久生存赢利的根本。所以资本需要不断积累、不断扩充，只有企业的融资能力不断增强，才能满足企业的需求。企业对资金的需求没有饱和的时候。因为资本扩张无止境，追逐利润无止境。

企业融资渠道是多方面的，银行贷款是主渠道，辅之非银行金融机构，如信托投资公司、金融租赁公司等，这类金融机构的借款利息要高一些。另外还有国际上经营国际游资的各种投资公司。国际游资很多，达100万亿美元之巨，这些投资公司在中国上海、香港设有分公司或办事处。这些公司借款要经过严格资信评估，信用等级高，利息较低，反之则高。还要有切实的抵押或担保。中国的房地产业这类贷款较多。融资的成本除利息外，另有评估资产价值的评估费，会计报表的审计费用，信用评级的费用更高。在中国资本普遍不雄厚、资金不足的情况下，甚至还有融资的介绍费。

上述资本在企业的融资功能，充分说明资本与其他生产力要素一样，是企业牟利的工具，同时也关联着其他生产力要素。劳动力、技术、设备、管理、资源、信息、数据、土地等要素需要资本把它们黏合在一起，才能发挥作用。资本所起的作用是不可替代的。

资本与企业法人财产

资本是企业法人财产的基础。企业是一个经济组织，它是依法成立，并能够自主经营、自负盈亏、独立核算的经济实体。它是一个法人组织。法人不是自然人，是依法成立并以自己的名义行使权利和担负义务的组织。法人有经济法人、社会法人。经济法人要有经营能力，并能承担经济责任。法人是一个法律术语，法人与自然人一样要遵纪守法，违背法律要追究经济责任或刑事责任。法人财产既是企业经营的资产，也是承担企业经营风险的资产，还是企业承担法律责任的资产。没有法人财产就没有企业。

法人财产是企业的所有资产，它包括固定资产、流动资产、无形资产等。社会财产在法律上分为：国家财产，即财产的所有权归国家所有；集体财产，即财产的所有权归集体所有。国家财产、集体财产统称公有资产。另外有私人财产，即属于私有的财物。还有公共财产，即社会共有的财物，如街道上的指路牌、垃圾桶等。法人财产包括企业所有的财产，有企业的资本，资本积累；有企业加资金杠杆借来的资金；有企业往来占有的资金；有企业未分配利润；有占有的还没有清结的税款；员工未发完的工资，以及员工们应该使用还没有使用的福利费用等；还包括企业无形资产。

企业的法人财产有如下特点：第一，企业法人财产由企业占有，由企业支配、使用，其他任何外力都不能支配。包括政府，除战争状况外，不能随意调用企业法人财产。政府需要可采购。第二，企业法人财产受法律保护，同国有财产、私人财产一样受法律保护，任何人侵占法人财产应负法律责任，包括企业的经营者和高管阶层。第三，企业股东无权调度、支配企业的法人财产。大股东随意调动参股企业的财产、资金，法律上作挪用企业资金处理，这种例子是有的，企业的大股东随意调动企业资金最后要受到法律制裁。第四，企业法人财产中，用于经营的由企业经营者支配调度。如何分配企业法人财产由董事会提出方案由股东大会决定。用于经营者、员工的奖励基金由董事会决定方案，经营者执行。第五，企业法人财产是企业抵御生产经营风险的物质基础。企业在经营中经常遭遇大小风险，因有法人财产，才能一次次化险为夷。当企业发生严重资不抵债时（这里资不抵债是指法人的财产即企业资产低于负债），债权人可申请企业资产重组或企业申请破产，由法院和有关债权人组成清算委员会负责清理企业的法人财产，最后按顺序，先付应付员工工资，再付应付税款，再按剩余企业资产与债务比例了结债务。

法人财产的上述特征，标志着法人财产是独立的财产，是受企业法人支配的，企业资本金是法人财产的基础。

还有一条铁的规定，企业的资本可以按程序不断扩充，可以无限积累，但资本进入企业成为企业股份后，股东不能减少，也不能暂时收回、挪用。刑法有专门的规定，即抽逃资本罪、虚拟资本罪。抽逃资本影响了企业的经营、欺骗所有债权人，会造成企业破产，员工失业，既有经济责任也有政治责任。企业注册资本现在允许分期到位，可分几年到位。如不到位，一旦企业发生风险，要按注册资本追究出资人的经济及法律责任。

综上所述，企业和资本是密不可分的。作为生产经营单位，企业必须先有资本，才能逐步聚集其他生产要素，成为一个生产要素的载体。没有企业这一载体，资本的特性也表现不出来。资本在企业中才能发挥作用，并把其他生产要素组织起来。目前在中国资本是紧缺资源。劳动力相对来讲有剩余，有几亿农村劳力要转移，一年上千万城市人口要就业。其他生产力要素是用资本在市场购买的。科技需要大力发展，除国家投入外，资本的大量投入是发展科技一条重要途径。鼓励居民的财富投向资本，应是一项长期的战略举措。

企业有多种形式：有限责任公司、股份有限公司、国有独资公司、外商独资企业、中外合资企业、私人独资公司等。这里简要介绍一下有限责任公司、股份有限公司。

有限责任公司，第一是指以企业的法人财产承担风险责任。不追究资本持有者资本以外的财产，所以叫有限责任。第二是资本持有者不论是自然人或法人的股东在 30 个以内。第三是有限责任公司的股东持有多少资本不限制。股份有限公司，第一、第三与有限责任公司相同，但股东人数可以超过 30 个。只有股份有限公司才有可能在证券交易所上市。混合所有制的企业，可以是有限责任公司，也可以是股份有限公司。无论是哪一种企业形式，其中有一个共同点，就是必须有一定资本。现在注册资本的要求不那么严格，但企业资本少了是无法运行的。另外中国实行的有限责任，没有一定资本是无法履行有限责任的。

第五章

资本的交易

资本是有明确的所有权的社会财富，私人资本的所有者是有名有姓的自然人。资本这一财富又是可以在市场上交易的。一个资本持有者可以在市场上转让所持有企业的股份，也可以购进另一个企业的股份。资本的交易是一门大学问，这里只介绍一般常识。

资 本 的 价 格

交易必须知道价格。商品的价格是怎样形成的呢？商品价格从长远和趋势看，是由商品的价值所决定。价值是商品凝聚的劳动。一般讲劳动凝聚越多价格越高。劳动又有复杂劳动、简单劳动之分，商品凝聚复杂劳动越多价格越高。具体价格形成，要看一个时间段的供需情况。如：猪肉的价格应远高于菠菜的价格，因为猪肉凝聚的劳动远高于菠菜凝聚的劳动。在绝大多数时间内猪肉价格是远高于菠菜价格的。但在短时间里由于供需关系变化，菠菜稀少，需要购买的人很多，因此出现了菠菜价格高于或等于猪肉价格的现象。这就是供需决定价格，也是市场决定价格。但商品价值从长远看是不会有大的变化的。一辆汽车的价格总比一辆自行车的价格高。那么资本的价格是怎样确定的。在股票市场，股票的价格甚至分秒变化巨大。一般资本的价格有发行价、交易均价，证券市场有开盘价、收盘价，企业收购有收购价。

　　发行价，即企业创立或股改时的股票价格。资本在发行时价格即与本国银行利率挂钩。其公式为：

　　资本价格（一股的价格）＝资本的一年收益率÷一年期存款利率

　　例如：某企业初创发行股票时，其行业资本年收益率为9％，而一年期存款利率为1.8％，资本的发行价应是5元钱一股。一般实践中企业发行价会参考此价格，在这一价格基础上浮动。如果是企业进行股改，发行公众股就不一样。企业资本年收益率9％，而一年期存款利率1.8％，其资本发行价可能参考此价位上浮，如6.5元或8元不等。资本确立发行价一般参照上述公式上下浮动。

　　资本价格的公式说明以下几层意思：一是资本价格与行业资本的年收益率呈正比。行业资本的收益率越高，企业资本的价格就越高；行业资本的收益率越低，企业的资本价格也就越低。二是企业资本的价格与银行存款利率呈反比，银行存款利息越高，资本价格越低；银行存款利率越低，资本价格越高。三是实际资本价格不是按公式计算的绝对值，这个计算结果只是一个资本确定价格的参照物，资本价格根据上述公式计算的结果上下浮动，浮动比例不限。四是此公式适用于确定资本发行价，或在证券市场外进行资本交易时作参考。

　　开盘价是指上市公司的公众股票在股票交易所第一天上市开盘的价格。这一价格是由需求决定的。买的人多价格高，买的人少价格就低，甚至开盘价低于发行价。这时的需求决定开盘价格，一是价格的走向与资本的收益率没有多大关系，购股的股民多，股票价格上涨，股民观望或做空的股民多，价格就下降。二是这个需求多少是人为制造出来的，是投资人尤其是投资机构对企业股票的走势判断，由投机的动机决定。三是开盘价格涨跌的深度与当时整个股票市场的形势息息相关。牛市，一般开盘价格高，熊市开盘价格低甚至一路下跌。开盘价也指每个交易日开始的价格。

交易均价指交易日的平均价格。股票市场价格按分秒计算，一个交易日下来平均的交易价格，就是交易均价。这个价格完全由需求决定。

收盘价指交易日收盘时的股票价格。有的股票价格一路上扬，收盘时突然跳水，有的一路下跌，收盘时翘尾巴，这与需求有关，也与投资人技巧有关。收盘价对第二个交易日的开盘价有指导意义。

综上所述，开盘价、交易均价、收盘价都是由需求决定的，需求是人为制造的。这些价格变化很大，能够把握这些变化就能赚钱，反之就是赔了钱还不知怎么回事。

另外再说一下证券市场以外的资本交易的价格是如何形成的。

资本的交易分两块，一块是上市公司，在证券交易市场上交易，这一块在中国称 A 股市场，上市企业 2021 年不到 5 000 个，而市值达 78 万亿元。大量的企业资本存在于证券市场以外，有几千万个企业，这些企业的资本交易是多种多样的。如何确定这一块资本的价格，也是有多种方法。下面介绍几种方法：

第一种是评估作价的方法。这种方法在收购、兼并、重组、单个资本转让时常见。企业有会计报表、月报、季报、年报，而且年报是经有资格的会计师事务所审计的。企业转让、兼并、收购、重组时，为什么要进行资产评估呢？一是企业的固定资产随着时间的推移，真实价值在不断发生变化，一方面设备、机器有磨损，计提折旧，另一方面有市场涨价和跌价可能。例如：一台车床，原价 15 000 元是 5 年前的价格，而现在同类型是 6 万元。按原残值计算车床价值 11 250 元，而按现价计算残值是 45 000 元，这就需要重新评估。又如，厂房、办公楼 5 年前建设的费用可能是现价的 1/3，这也需要重新评估价值。二是库存的原材料和产品也有一个重新定价的过程。原材料价格与购买时相比较有涨跌，库存商品如食品、药品是不是过期产品或临期产品，这是需要重新评估的。三是车间库存产品、应付、应收、发出商品都有一个查证核实的过程。四是无形资产变化需重新评估。企业的土地使用权的价值升值幅度大，怎样确定价值，只有通过重新评估。企业的专利技术、产品知名度、品牌、注册商标都有一个评估计价的过程。

评估得出的企业资产的价值并不一定是转让的价格，转让价格可能在评估价值基础上浮动，是向上浮动还是向下浮动是由当事人的谈判技巧和能力决定的。一般上下浮动比例不会超过企业资产评估价值的10%。企业单个股东的股份转让，也应通过评估企业的净资产，其评估费用应由转让的股东支付，其企业应予配合。

评估作价的方法，是企业收购、兼并、重组、转让时常见的确定价格的方法。对一般资本收益不高，或企业经营不佳的企业，上述方法有重要的参照作用。但对企业经营较好，产品有一定市场，资本收益较高，有品牌的企业，除资产评估外，企业品牌、企业知名度、企业注册商标要单独评估价值，在企业决定出让价格时，参照评估结果一并考虑。

第二种是净资产作价的方法。净资产作价是企业单个股东，需要转让自己的股份时，采用的一种比较简单的方法。企业的净资产前面已提到，即企业资产减去应付的债务。用净资产总额除以总股份数，就等于每股净资产价格。在此基础上出让人和受让人协商，围绕每股净资产价格确立转让价格。一般情况下转让价格高于每股净资产价格。也有少数股东急于变现，按每股净资产价格转让。一般不会低于每股净资产价格，因为同等条件下，企业其他股东有优先收购权。净资产作价的方法，关键是会计报表必须是经过有资格的会计师事务所审计的。出让人如有疑问可单独请会计师事务所审计，费用自理。

第三种是企业收购时，收购一方采取承债式收购法。所谓承债式收购法又称净资产收购法，即收购方承担被收购企业的债务，支付被收购企业的净资产价格。这种收购办法在实践中常有，所用资金少，也简单，但必须经过债权人同意。采用这种方式收购的被收购企业一般经营不佳，产品销售不畅，但没有到破产的阶段。被收购企业基本无协商议价能力。这种状况下，对被收购企业的土地使用权、厂房、办公用房还是要作评估，确定合理的净资产价格。

第四种是竞价的办法。用这种办法的前提是有两家以上有意向受让或收购企业。例如：20世纪90年代中期，武汉中德啤酒厂出让一案，笔者参与其中。当时美国AB公司和泰国正大集团有意向收购该企业。中德啤酒厂生产啤酒的设备是当时中国最先进的，全部是德国20世纪80年代进口的先进设备，但由于汇率变化的原因，企业处于长期亏损中。80年代中德啤酒厂建厂时从中国银行贷款5 000万马克购设备，而90年代初人民币兑马克的汇率从1：0.53，涨到1：5以上，5 000万马克由原约3 000万元人民币变成2.5亿元人民币贷款，利息也涨了。企业陷于困境。但中德啤酒厂的设备是先进的，工厂当时处于武汉市近郊，紧靠汉江，水运、陆运十分便捷。当时中德啤酒厂董事会决定，5 000万美元为可接受价（5 000万美元原为保本价），6 000万美元为争取价。与美国AB公司和泰国正大集团分别协商议价。美国AB公司直接接受了6 000万美元的价格。这一价格既还清了中国银行和其他银行的贷款，也保证了职工安置的费用，使中方股东和德方股东保住了本金。这在1995年是武汉市第二大外商投资案例。这一案例不是典型竞价，但有竞价的因素。竞价有先决条件，即出让企业虽然经营困难，但生产要素有一方面或几方面是诱人的，或者企业所在地的地段有优势。竞价可以协商竞价，也可以采用拍卖的形式竞价，价高者得。

资本是一特殊的商品，它的价格确立是受多方面因素影响的。在证券交易所内的交易，价格由需求决定，这种需求是投资人、投资机构人为制造的，所以需求的多少随时变化，造成股市的变化无穷。而证券市场外的资本价格的形成，也有多种形式，但企业资本的收益率，企业的生产要素的优劣是决定价格的重要因素。

证券市场的交易

资本交易的形式也是多样的，这里重点介绍证券市场的交易，即股市交易。我国 A 股市场有上海证券交易所、深圳证券交易所，2021 年又有北京证券交易所。我国企业股票上市是核准制，当前正在酝酿向登记制过渡。核准制指企业股票上市，必须经过国务院证券管理部门审查批准。企业上市必须满足如下条件：第一，申请上市的公司的总股份价值，是指发行价需要超过 5 000 万元人民币。如一股发行价溢价 2 元，就是 2 500 万股。其总股份由三部分组成，一部分为公众股；另一部分为法人股，即企业法人股东的持股；还有一部分向特定的投资人发行的股票。第二，公众股票不得少于 25%，公众股票就是个人股，可以上市交易的股票。如果股份总额超过 4 亿股，发行的公众股所占比例可以减少，但不能低于总股份的 10%。第三，申请上市的企业必须经营超过三年以上，而且最近三年必须连续盈利，三年内中断盈利就不行。第四，申请上市企业最近三年内无重大违法行为，不曾发布虚假财务会计报告。符合上述条件才能够申请上市。上市还需要知名的投资公司或证券公司推荐，经过证券监管部门指定的评估公司、会计师事务所、审计师事务所的评估审计。最后送中国证券监督管理委员会审批，审批多少每年是有指标的，什么时候上市也是有规定的。改革开放以来，中国上市公司约 4 800 家（不含北京交易所）。

股票市场也是证券市场，是资本市场的重要组成部分。有人讲股票市场是一个投机的场所，副作用大于利。其实不是这样。其一，股票市场是吸引居民投资资本的场所。股票市场交易具有很大的投机性，这种投机性使人们产生对股市的预期是不同的，做空，还是做多，不同人群有不同的预期，就会出现投机对赌，这种对赌就要下注投资。正是这种投资使股票市场不断扩容。扩容也吸引了居民把大量资金投入股票市场。资金进入股市，一部分资金在股民中流转，买进股票，卖出股票。而另一部分资金配发、增发股票。新上市公司发行公众股票变成了企业的资本。配发、新发、增发股票的资金虽流入企业，新发、配发、增发的股票可通过股市交易取得收益。从上述过程可以看到，进入股市的资金中，流入企业作资本的资金是不会再流入股市的，股民所持股票的收入靠股市不断扩容。其二，股票市场是上市企业融资的重要渠道，也就是说股票市场是上市企业的融资工具。企业上市，公众股票在证券市场发行，可融一大笔钱。企业上市，企业的股票交易只是资本持有人之间的易主，企业资本并不发生变化。如：1亿公众股上市，发行价格为每股3元，总值3亿元，这1亿股股票在市场上交易中无论是涨、跌，与企业资本3亿元资金无关，企业的资本并无变化。上市的企业在资本收益好时，可以分红给股票持有人，也可以把分红资金折为股份分给股票持有人，叫分红股。也可以在分红时，配发一定的股份给持有人。例如一个上市公司，资本收益率15%，公积金、公益金提取比例为5%，可分配资金为资本的10%，每股0.1元，并配发股份每股0.1股，配发价为每股5元，当时上市股份价为8元。该企业股票持有人除分红资金外，每一原始股另拿0.4元现金配股。该企业配发1 000万股，从股市融资4 000万元并把分红资金也解决了，股票持有人通过转让配发股票也赚了钱。另外上市公司也可以增发股份。配发、增发都需国家证券管理部门批准。其三，证券市场也是吸收世界游资转化为资本的场所。世界上闲散资金据估计约100万亿美元，这些游资要进入中国证券市场，需要中国资本市场的进一步改革开放。游资通过各种投资公司进入证券市场，也可以通过大大小小的各种私募、公募基金进入证券市场，这样证券市场年年扩容，一部分游资就转化为资本。资本的革命性，推动着经济的发展。所以证券市场的正面效应是主要的。事物总是辩证的，证券市场是投机场所，其需求是人为制造的，当然有副作用。但从大的方面来看，证券市场把人们手中的剩余财富部分转化为企业资本，企业资本又促进社会经济发展，经济的发展又增加了居民的收入，增加社会游资，游资和居民财富再投入证券市场。这样的大循环推动社会的发展。而对证券市场的投资人来讲，每分每秒的涨跌刺激着神经，兴奋、沮丧交织在一起，令人着迷。鼓舞投资人屡亏屡战，也鼓舞投资人屡胜屡战，使社会上资金不断涌入证券市场。无论熊市、牛市，证券市场如滚雪球般愈滚愈大。

资本市场的交易是有十分严格规矩的，证券市场一方面严格约束上市公司，要求上市企业的会计报表，无论季报、年报必须真实，虚假报表要负法律责任。公司的经营状况、投资、扩充、扩张，状况要公开透明，高管及经营者变化要公开，分配方案及配送、增发股票方案要经过股东会和证监部门批准后及时公布。不允许上市公司有欺诈行为。对投资人也有许多规矩，有严格交易程序，不准任何人、机构操纵股市，不准串联炒股，制造、传递内幕消息等。

中国证券市场正在进一步改革开放。一是正在试点企业上市的登记制度，深圳三板市场开始试点，已有300多个三板企业登记上市。二是进一步开放中国的证券市场，按国际证券市场的监管制度和游戏规则规范证券市场。进一步开放股市，吸引外国优质的大企业来中国上市，中国企业更多地在境外上市。吸引更多的境外投资机构参与中国市场的资本交易，使外资比例逐步上升，使世界游资直接进入中国资本市场。证券市场的国际化，这是一把双刃的剑，有利有弊。开放能带来市场的活力，带来大量资金扩容。中国证券市场的开放也会带来世界证券界的资本大鳄的兴风作浪。关键是要打造中国有国际影响力的"航母券商"。航母券商不是小船板的集合体，而是资金实力、专业能力的升级换代。在"航母券商"形成前，要坚持开放，但步子不要太快。

未上市公司的资本交易

上市公司占中国企业的比例很小，只有万分之一左右，但资本总量占比很大。其他未上市公司是绝大部分，其资本的交易是怎样进行的呢？一是自发交易，自然人持股人在自己亲朋好友中转化，或在企业内部股东中转让。大多数是净资产价格上下浮动转让。二是各地方有产权交易中心，可以接受企业的法人股、个人股的交易。三是企业之间的兼并、重组、收购。兼并这种形式是常见的，原因有多方面：被兼并的企业资金链紧张，周转困难，无法经营，或亏损严重，或企业发生突然变故，如法人代表主要操盘手出现意外等。企业重组又有不同，一是企业为规避风险重组，二是争取更大市场重组，无论哪种重组，原企业保留重组后的企业股份。收购就是把别的企业买下来，被收购企业有多方面原因，经营有困难，市场萎缩，或资金不足，但有一个共同点就是企业的设备或场地有可取的地方。收购企业的价格一般是采用评估作价方法。这里的难点是土地使用权如何评估它的价值，一般工业土地使用权只有 40 年，如果兼并时土地已使用 30 年，但价格上涨，40 年后怎样续土地使用权，使用权批租费用是多少都是未知数。这只能靠评估和协商相结合。有一些城区的工厂被地产商收购，按规划土地将改为住宅用地。住宅用地与工业用地使用价格相差十几倍甚至上百倍。收购企业主要考虑被收购企业的利益。被收购企业的无形资产中的企业品牌知名度、注册商标如何评估，一般采用共同协商。无形资产中的专利技术要根据时效性、先进性原则合理作价，专利技术过了时效就变成普遍技术，无价值可言。

企业收购中有两种方法，即资本收购法和资产收购法。资本收购法在前文中提到，即"承接债务收购法"，在收购企业承接原企业债务的前提下，只出资收购原企业的剩余净资产。若剩余净资产略低于原资本金，即按企业原资本金价格收购。前提是原企业虽有亏损，但仍有一定的净资产，并有一些生产要素是较完整的。或是原企业虽亏损不大，但资金链断裂，已无法经营。这种办法收购虽然出资较少，必须征得原企业债权人的同意。这与收购企业的实力，与市场上占有份额相关联。

资产收购法比较简捷，通过评估被收购企业的有形资产、无形资产，经过双方的协商确定资产价格。付款交割后由原企业负责了结应付款及银行债务。这种收购资金虽然需求大，但后遗症少。如能取得金融机构的支持，这一方法简便易行。

在证券交易所进行场内资本交易企业少，资金量大，而且越来越大，是资本交易的主战场。而场外交易的资本，企业多，但资金量小，目前不构成完整的市场体系，有提高的空间。资本市场无论是场外还是场内，活跃着一批专门做资本投资买卖的机构或个人。这些人的投机活动，客观上促进了资本市场的活跃，推动资本市场的发展。资本市场给资本一个可交易的场所，变现的渠道。同时也给社会游资、闲置资金提供了投资的渠道，也给亿万居民提供了增加财产性收入的机会。规范发展资本市场在中国有很大的空间。随着人们收入的不断提高，思想观念的变化，资本市场的完善，中国资本的交易会更活跃，市场容量更大，且能促进中国经济向高质量方向不断发展。

第六章

资本的积累

　　什么是资本的积累，就是企业资本在运行过程中，不断增加资本的总量。资本积累一部分是来自企业的经营收益。企业的净利润一部分是按资本进行分配，这叫红利；另一部分参加企业的生产经营，如法定公积金、任意公积金。企业的公益金不使用时，也可用于生产经营，但不是企业资本积累。资本积累的另一部分是来自资本的扩容。企业通过增发配股、扩股增加的资本总量也是资本的积累。资本积累的目的是把企业做大做强。

资本积累无止境

　　其一，是资本追逐盈利无止境、扩张无止境的特性决定的。逐利就要不断扩大再生产，不断扩大生产规模，提高市场占有率。扩张是资本的天性，冲破区域、国界的限制是扩张；扩大经营范围，实行多元化经营也是扩张。扩大规模，扩大经营范围需要大量的资金支撑。资金是企业的主要资源。有资金可在市场招聘优秀的员工，可招揽高素质的技术人才、管理人才；有资金可在市场购得先进技术专利，先进的设备、生产线等；有资金才能在扩大规模、扩张中建厂房，购土地。资金从哪里来，首先企业必须有一定的自有资金，企业的自有资金主要来自资本积累。在有充足自有资金的基础上，才能通过银行、金融机构融资。前面我们说过在中国现行政策下，1元钱可在银行融资 2.33 元。民营企业 3 元的资金能创造 1 元钱的企业增加值。企业增加值的 15％ 左右为企业净利润。这就是说资本追逐利益，不断扩张需要资本的不断积累，资本和资本积累在中国现实条件下是企业融资的基础。资金充足是企业盈利的基本方法，也是企业资本扩张的基础。

其二，原始积累仍是大部分企业的主要任务。中国改革开放以来，经济发展很快，中国用 40 多年时间，完成了西方发达国家几百年完成的三次工业革命，即以蒸汽机、纺织业为代表的第一次工业革命；以电气、内燃机为代表的第二次工业革命；以电子技术、信息化为代表的第三次工业革命。现在正在进行以人工智能、数字化为代表的第四次工业革命。中国的国有企业的大部分，民营企业的一部分是在政府的支持和帮助下完成了资本的原始积累。但大部分民营企业和部分国有企业还没有实现生产方式的大型化，原始积累仍是企业的主要任务。大多数小微企业包括部分中型民营企业茹含辛茹苦，一分钱当二分钱用，把有限资金大部分用于生产经营，努力把企业做大做强。原始积累是许多企业的当务之急，企业资本积累的道路漫长。

其三，企业一产生，就处在市场竞争的环境中，竞争的残酷环境要求资本不断积累。市场经济就是竞争的经济。中国在 20 世纪 90 年代就提出了社会主义市场经济的概念。优胜劣汰是市场经济的法则。企业的竞争是实力的竞争，企业的实力包括技术水平，设备的先进，高素质的员工队伍。资本雄厚，资本积累充足，企业实力就强。有的人错误地以为企业的资金多，就是企业实力强大。在中国曾出现过这样的现象，少数企业拼命增加企业的负债，通过银行贷款、社会集资、海外借款、扩增应付款等形式，融进了许多资金，把企业也做大了。但由于企业负债率太高，企业资金是十个坛子五个盖子，资金链终于断了，企业轰然倒下。只有雄厚的资本和资本积累，适度的资产负债率，企业才能在市场竞争中有力量抗御各种风险。资本和资本积累是企业的自有资金，借入资金到期是要还的，这是基本常识。做企业不要相信"债多不愁，大而不倒"的鬼话。增强企业实力，企业的资本和资本积累是基础。企业在市场竞争中生存、发展，不断提高资本积累也是市场竞争的要求。

市场竞争也是技术、设备的竞争。企业要不断进行技术改造、技术更新、设备更新，这就是企业的更新改造。企业的技术设备改造又涉及厂房的更新、扩大等。随着科技的进步和发展，企业的技术改造不是一次能完成的，数年、十多年可能要更新改造一次，只要企业在生产经营，更新改造少不了。技术、设备、厂房的更新改造需要大量的资金。中国政府鼓励技术进步，支持企业更新改造。银行有更新改造的专项贷款，用于支持企业的更新改造。更新改造贷款是中长期贷款，但有一个前提条件是企业必须有更新改造总资金30％的自有资金，而且在贷款银行开设专户，将更新改造自有资金存入专户，专户资金由银行监控使用。这就要求企业的更新改造资金与生产经营的流动资金要分开，专项更新改造的自有资金，必须是企业资本金或资本积累。也就是说企业在市场竞争中，更新改造是不可缺少的，更新改造逼迫企业要不断强化资本的积累。

在市场竞争中，企业的资金实力影响企业产品的销售。企业产品的销售，一般企业自销较少，产品是通过多个经销商销售的。销售产品的付款方式是多样的，货到付款，在中国市场上比较少。常见的是约定结算货款时间，有半月一结，有一月一结，有一季一结，甚至更长时间结货款。除产品需求因素以外，就是依靠生产企业的资金实力。结算时间长一些，经销商就会多一些，反之则少一些。经销商的多少对企业产品销售也有影响，企业的资金实力影响企业产品的市场占有率，而资金的基础是企业资本和企业资本的积累，前面已作阐述。

市场分现实市场和潜在市场。现实市场是成熟的产品市场，比如燃油汽车市场就是现实市场，汽车制造商的主要精力是争夺市场份额。潜在市场也是未来市场，即未来可能发展为现实市场的新兴产业。争夺潜在市场关键是企业对新兴产业的提前进入，提前准备。提前干预新兴产业需要投入大量的资金，如当前的电动汽车，已成为中国的一个新兴产业。世界减少碳排放的大趋势决定了电动汽车的发展前景，几年前许多中国企业就提前进入，有原汽车制造企业，也有许多经营其他制造业、服务业的企业，仅珠海格力电气前几年就投资几百亿元进入电动汽车行业。电动汽车前景看好，但市场潜力释放是有一个过程的。现在还有一些关键技术配套工程需要完善：一是电池还在不断完善提高中；二是充电装置还没有普及；三是消费者对电动汽车的认识、接受有一个过程。据统计，中国的电动汽车的销售量世界第一，电动小汽车的销售量 2021 年达 60 万辆，这是一个了不起的成绩。但中国燃油小汽车的市场有 2 000 万辆。目前电动汽车生产企业仍然靠企业的资本和资本积累及银行融资支撑。但电动小汽车终将代替燃油小汽车。国家有明确规定，2030 年后限制购买燃油小汽车，这也是碳达峰、碳中和大目标的要求。电动小汽车前景是光明的，但过程是艰难的，需要电动小汽车生产企业，不断扩大资本的容量，提高争夺这一潜在市场的能力。市场的竞争要求企业不断积累、增加资本，否则就会在市场竞争中沉没。

其四，资本积累的另一种方式是资本的扩容。企业在发展过程中光靠企业的收益增加积累是不够的。资本扩容与资本收益是相辅相成的。企业资本的收益好，展示了企业的活力，企业原股份的持有人就愿意增加资本投资。其他有富余财富的人也愿意投资。如果企业资本收益不好谁敢投资呢？资本扩容是企业做大做强的关键举措。这里有一个问题要解决好，即原有股份稀释问题。对企业控制有两种，一是相对控股，二是绝对控股。绝对控股好理解，一个股东占有企业股份 51％以上。相对控股，即在企业所有股东中是最大的股东，有随时建议召开股东大会的权利。《公司法》规定，拥有企业10％的股份的股东有召开股东大会的权利。相对控股的前提条件是企业股东比较分散。因此企业资本扩容，要注意防止有收购企业意图的股东进入。

其五，资本积累也是企业防范经营风险的物质力量。企业的收入，即企业增加值减去非物化成本，减去劳动力成本，包括员工的工资及福利；减去国家的税收，其余为企业净利润。净利润中有各种生产要素的收入，有资本、技术、管理，净利润中也有一部分风险收入。因为技术、管理通过入股、期权，或演变成企业股份，或其收入在资本收益中支出。资本收益中除现金分红外，余下皆为企业的积累，也包括了风险收入在内。防范风险，抵御风险要有充足的物质力量。例如：中国有名的教育培训机构——新东方，几乎在中国一、二线城市都有教育培训机构，有 5 万多名较高素质的员工。2021 年中国教育体制改革，新东方遭遇系统性风险。其他一些教育培训机构，有的停业、跑路或破产，为退还学生的预交培训费，官司不断。而新东方公司非常从容地做了两件事：一是退了几十万学生补习培训的预交费用，这可是数以十亿元计算的；二是决定新东方转型，做农产品直播带货，迈入"电商直播＋教育培训"的新时代。农产品网络销售有巨大市场潜力。据2021 年《中国电子商务报告》显示，2020 年农产品网络销售达4 158.9 亿元。新东方一个做教育培训的公司华丽转身，做农产品直播带货，通过互联网零售或批发农产品。其凭借的是雄厚的资本和资本积累，凭借 5 万高素质能说会道的员工队伍。凭借全国大城市的网络，要把中国农产品卖给全中国、全世界。新东方的例子告诉我们，企业只有注重资本的积累，才能在系统性风险发生时，从容应对。同时也告诫我们防范风险是要有物质力量为支撑的，包括资本、队伍和网点。

资本积累的形式

资本的积累有多种形式。一是企业收益的积累，企业的净利润先提取优秀员工、经营者的奖励，一般在 5%～10%，由董事会决定。这里说明企业关于优秀员工、经营者奖励的提取办法是事先由董事会决定方案的。然后按净利润提 5%的公益金用于员工福利。再根据股东大会决议提取分红资金。剩下为企业积累，也是资本积累的一部分。也有企业把净利润剔除奖励基金、公益金后，摆进公积金内，当公积金超过原资本金 50%时，转增资本。这也是资本积累的一种办法。另外也有企业资金链较紧，把应分配的利润摆在账上，作未分配利润，虽是权宜之计，对缓解企业资金链紧张也有一定作用，过一两年后再分配或作分红股。分红股就是把分红的现金折成股份给股东。以上这些都是靠企业收益来增加企业资本的积累。

二是资本的扩容形成的资本积累。扩容就是增加资本总量，原来企业是 1 亿股现在通过扩容达到 1.5 亿股。扩容有基本条件，企业经营有效益，有一定市场或有新的增长点，企业更新改造需要资金或扩大市场规模需要资金等。扩容的方式一种是向原股东扩容，一种是招募新股，还有一种是向特定的企业法人增发股票。

向原资本持有人扩容有三种形式：一是红利转赠股票，二是增发股票，三是配发股票（这种形式只存在于上市公司）。红利转赠股票即分红股，前面已说明。增发股票要经股东大会通过，并说明原股东可以放弃购买权，放弃的股票可由其他愿购买的股东购买。上市公司增发股票需要经过证券管理部门批准。招募新股，也是增发股票的一种形式，是在原股东以外增发股票。股东是新进来的，股票增发价格一般是溢价的，至少不低于净资产价格。上市公司增发股票的价格低于市值。如市值是 10 元，而增发股票的价格最多 8 元。招募新股的关键是企业效益较好，而且成长性好。

关于向特定的企业法人增发股票，也就是现在所流行的引进战略投资人。这种战略投资人，有的是有技术又有一定资金的法人，有的是有市场又有一定资金的法人，且没有控制企业的意图。

一般社会上专营投资的投资公司，他们有资金，无技术、无市场，想通过投资做大、做强企业，增加资本回报，更主要的是提升资本的价格，适当时候转让资本。也有一种是看中企业有上市的可能，提前介入。这类投资公司并不经营、打理企业。

至于以配股的形式扩容是上市公司特有的，指上市公司按股票的一定比例增发股票的行为。配股是在原股票持有人中进行，在公众股票中进行。配股必须经证券管理部门审查批准。包括配股比例、价格、配股的条件，配股资金用途。上市公司的配股与上市公司的增发股票不是一回事。配股只有持有公司公众股票的人才有资格购买配发股票，增发股票是面对市场。

资本的积累是由资本特性决定的，也是市场的竞争环境决定的，另外社会有条件、有需求使资本不断积累。一方面，社会居民家庭有剩余财富，他们需要财产性收入，与企业需要做大、做强相契合，当资本不断扩容时，总有投资人投资。另一方面当居民成为资本的持有者时，并不希望分光所投企业的利润，他们希望企业有更大盈利，为自己提供长久的财产性收入。只要投入资本回报高于储蓄存款利息就满足了。假设一个资本持有人，持有一个企业的资本500万元，企业的现金分红是年利率3%，而当年企业收益中资本的积累是8%。这个资本持有人分现金15万元，交3万元的个人所得税，实获财产性收入12万元，仅分红就高于储蓄存款的收益。储蓄存款500万元年利息收入9万元，交1.8万元的个人收入所得税，净收入为7.2万元。而且投入的资本又增加了积累40万元。现金的分红加上工资性收入，已足够家庭过上较高质量的生活。资本和资本积累给资本持有人带来将来有更多财产性收入的希望，带来资本增值的前景。所以资本积累、扩容有条件有基础。资本收益大部分用于积累也是一般资本持有人的希望。

现在，西方发达国家有一种资本积累饱和的论调。由于西方资本主义发展了300多年，许多企业资本积累雄厚，一个国家的总资本是一个国家GDP的五六倍，很少有需要贷款的企业，基本上靠自有资金经营。是不是资本的积累就饱和了呢？2008年世界发生金融大危机，使全球大部分国家的经济出现衰退。美国老牌的汽车制造商通用公司，是世界500强的前列企业，遭灭顶之灾，资金链断裂，公司申请破产。美国政府直接支持了2 000亿美元的资金，使该公司缓过劲来，几年就恢复了盈利能力。通用公司不仅还了美国政府的借款，还支付了200亿美元的利息。这一事件告诫人们，资本积累没有饱和，资本积累无止境。

还有一种观点，资本的积累最终归私人所有。这一观点有正确的一面，也有不正确的一面。正确的一面，如企业在没有遭遇风险时，或经营年限到期，或大多数股东不愿继续经营，并安排好企业员工的前提下，企业进行结算，企业的资本、资本积累和剩余的自有资产按股份分给资本持有人。当然该交的个人所得税一定要交的。这种情况在社会企业中是极少见的。一个正常生产经营的公司一般是不会结算的。资本积累最终属于私人的观点，也是每一个资本持有者的精神支柱，这样才能使资本不断积累壮大。

说这种观点不正确，是因为：其一，资本和资本积累是企业法人财产，在正常的生产经营中，资本的持有人不能在生产经营中抽逃资本，只有在市场上交易。资本在市场上转让交易并不影响法人财产增减。企业只是换了一个资本持有人。一个正常经营的企业要清算，程序是十分复杂的。既要有2/3以上的股东同意，又要清偿所有债务，又要安置好全体员工，还要经过政府部门的批准。除有特别的原因外，一般是很难走清算的道路。其二，企业在生产经营中企业的财产承担着为社会创造财富，为国家交税的责任，承担着大量社会劳动力就业的重任，企业不能随意中断。从这个意义上说企业的法人财产也是社会资产的一部分。而资本和资本的积累是法人财产重要组成部分。一个正常经营而且有盈利的企业，大部分股东是很难通过停业清算的。一个企业有几百、上千、上万员工，企业关闭，大量人员失业给政府造成压力，政府税收也减少，政府不会轻易同意企业停业清算。其三，企业如遭遇风险，资不抵债或资金链断裂无法周转、无法经营，企业停业清算或破产清算是有可能的。停产清算与破产清算是不一样的。停产清算一般是企业资金链断裂了，企业还有一定资产，清偿债务有余，但资产抵债拍卖时会打折。比如有 1 亿元的设备，由于债权人分散并用不着这些设备，虽然只有 8 000 万元的债务，但拍卖设备时可能只拍了 5 000 万元现金，设备资产的回款远不够偿还债务，只能增加另外资产抵债，这就影响企业的资本金和资本积累，可能一分没有。破产清算是企业资不抵债。企业的原资本和资本积累早已亏损消耗殆尽，更谈不上归资本持有者，债权人也只能按企业资产和债务的比例清偿债务。如一破产企业，除安置员工费用外，企业法人财产还有 1 亿元，而债务有 1.5 亿元。1 亿元法人财产变现为 6 000 万元，债权人的偿债比例为 40%，即 1 元钱的债，只还 0.4 元。其四，资本和资本积累是财富的一种，西方国家在继承时是要交遗产税的。中国是坚持共同富裕原则的国家，推出遗产税也是迟早的事。

资本的积累是资本的特性，是资本在市场竞争中的必然行为，也是企业为抵御风险的物质力量。资本积累无止境。

第七章

资本的收益

关于资本的收益，国外尤其是西方经济学界有许多观点，出现了许多数学模型和公式。本书只表述中国资本的收益状况，以及与各种收入的关系。

什么是企业的收入

资本的收益，首先要弄清楚企业的收入。企业的收入有许多，包括产值、经营收入、销售收入、企业增加值、企业毛收入、企业净收入等。

产值是企业在一定时间内生产产品的价值，包括已销售的产品，也包括发出商品、库存商品。例如：一个工厂当月生产产值1亿元，其中有8 000万元已销售，发出商品500万元，库存产品1 500万元。企业的营业收入则与产值不一样，是指企业在一定时间内取得销售收入、劳务收入及技术转化等收入的总和。销售收入是指企业在一定时间内的产品销售收入，按会计权责发生制包括应收货款。至于企业的增加值是企业的营业收入减去物化成本，就是企业的增加值。这里的物化成本，中国税务部门是有界定的，是企业生产过程中使用物化的流动成本，包括固定成本、流动成本。固定成本是指企业成本中不随生产产品多少而变化，相对固定的那块成本，如折旧费、员工工资、福利费、管理费、科技投入、贷款利息、待摊费用等。流动成本是企业成本中随生产产品多少发生变化的成本，如：原材料、辅料、水、电、气等费用。销售费用虽也有随产品浮动的一面，也有相对固定的一面，但税务部门是不认可的。物化成本在收取增值税前，从营业收入中扣除。劳务收入、专利转让收入等直接进入企业增加值。

　　一般企业的营业收入也称企业毛收入，企业增加值为企业净收入。营业收入，反映企业经营规模，市场占有状况，是衡量企业生产方式大小的主要指标。企业增加值是交纳增值税的基数，是判断企业效益的重要指标。不同行业的企业增加值税率是不同的。制造业要高一些，它的增值税率为 17％；而服务业低一些，增值税率为 11％。企业的增加值与营业收入有直接的联系，一般是营业收入绝对额多，企业增加值绝对额也多；营业收入少，企业增加值也少，成正比例的关系。而企业增加值与企业流动成本成反比例关系，流动成本高，一样营业收入的企业增加值就低一些，流动成本低，一样的营业收入，企业增加值就高一些。现在一般民营企业的营业收入 40％左右是企业增加值。

　　企业增加值是国内生产总值的主要组成部分。国内生产总值（GDP），是一定时期内一个国家或地区所有常住单位生产的全部最终产品和劳务的市场价值总额。它是反映一个国家国民经济发展的状况，衡量一个国家的经济是发展还是衰退，是快还是慢，是好还是差的主要指标。

企业增加值如何分配

　　以上说明企业的收入主要看企业增加值。企业的增加值又是如何分配的呢。先介绍几种分配企业增加值的收入。

　　第一，国家收入。国家收入在企业的体现形式主要是税收，也有少量规费。税收这里只介绍主要税种：①企业增值税，制造业按企业增加值总额的 17% 征收，服务业按 11% 征收。增值税是刚性的，无论企业是盈利还是亏损，只要有增加值必须按 17% 或 11% 交增值税，另外还有随增值税一起征收的教育附加税，税率也是按企业增加值为纳税基数，为企业增加值的 0.5%。②企业所得税。企业经营利润即企业增加值减去劳动力成本、增值税、折旧费、利息、管理费、销售费、待摊费、科技费用等，剩下为企业经营利润。企业经营利润按 25% 交企业所得税。所得税不是刚性，企业亏损或保本就不收所得税。也就是说企业没有盈利，就不缴纳所得税。③个人所得税。个人收入所得税，个人月收入超过 5 000 元以上须缴纳个人所得税，而且有赡养老人、抚养小孩的职工，可从收入中扣除赡养费各 1 000 元。个人收入所得税是累进制，收入越高纳税率越高，最高为 55%。企业员工个人所得税由企业代交，其个人所得税也是企业增加值。民营企业一般员工的收入很难达到个人所得税的纳税起点。据统计，2020年民营制造业的员工年平均工资为 57 309 元，达不到个人所得税的纳税起点。而民营制造业的企业管理骨干、技术骨干、经营者肯定是个人所得税的纳税对象。

　　还有许多小税种，如土地使用税、契税、房产税等，这些税种有的税率很低，有的对应专项，企业有，就纳税，没有，就不纳税，如房产税，企业租的房子由业主纳税。

　　国家收入的主要来源是企业，包括国有企业、集体企业、民营企业、合资企业、独资企业等。西方经济学把职工福利中的医疗保险、社会退休保险也计算到国家收入中，这样就加大了国家收入的比例，也增加了企业的交税比例，这很不精确。社会保险、医疗保险实际上是企业员工长远的收入，暂时不能支配。员工生病时，医疗保险就使用上了，到了退休年龄就拿退休金。有些西方学者把中国出让土地使用权的收入记入国家收入，这样中国国家收入（税收）占国内生产总值的比例就高了，就造成中国企业负担重的假象。土地使用权出让收入，是国家与使用者之间的交易，与一个家庭用国家的电是一样，用电交电费，使用国家土地交出让费用。而且土地出让费用大部分用于城市基础设施建设，小部分用于土地上农民的安置、青苗补偿等。

2021年中国的一般公共预算收入达到20.25万亿元，财政收入的主要来源是税收。财政收入除保障国家的正常运行外，主要是通过公共服务，转移支付用于民生。转移支付是国家通过税收把企业的一部分财富、高收入人群的一部分财富集中到国家层面，然后转移给社会大多数的民生支出。如：退休养老金的不足、困难家庭的补助、失业救济、低收入人群的保障、全民的医疗补助等。转移支付是一个国家的二次分配，也是再分配。二次分配并不直接把企业和富人财富转移给社会低收入人群，而是通过税收这一杠杆来实现。二次分配的另一形式是公共服务。通过建设全体人民使用的公共设施，给每一个人创造良好的生活环境。如公路网的建设、高速公路的建设、铁路的建设、高铁的建设、江河整治、农村高标准农田建设等。对教育的投资也是公共服务的重要一面，中共十八大以来，中国连续十年教育经费的财政支出，每年以4%速度递增。中国的义务教育已发展到十二年义务教育。大学在校生人数是世界第一。教育投入提高了新生劳动力的素质，增加了年轻人公平发展的机会。城市基础设施的建设也是公共产品，中国有600多座城市，城市面貌发生了巨大变化，600多座城市的道路、环境不断改善，中国城市地铁总里程是世界首位，居民出行十分便捷。

改革开放40多年以来，中国通过税收杠杆，不断增加财政收入。又通过公共服务、转移支付，建立了世界上最大的有14亿人参加的医保，10亿人参加的社保网，城乡低保网，最大面积的廉租房。建设了世界总里程最长的高速公路，实现市市通高速；建设了世界总里程最长的高铁。消灭了绝对贫困，建设高标准农田，国家财政支出

70％用于民生。这些都说明中国税收取之于民用之于民，中国二次分配是公平的。这也从另一个侧面说明改革开放 40 多年来，中国的公共资本、私人资本对社会的贡献。利用资本这一生产要素，发展国民经济的途径是正确的。

第二，企业增加值用于企业员工的收入。企业员工的收入包括员工工资、奖金、福利，福利虽不是员工当期可支配的收入，从长远看仍是员工的可支配收入。这一块我们称为企业的劳动力成本，也是体现按劳分配原则的一大块。企业的工资标准虽然由各企业制定，但国家有两种调节的手段：一是制定最低工资标准，一个城市一个标准、一年一订，这个最低标准从 20 世纪 80 年代开始已上涨近 10 倍。二是国有企业的示范作用。中国市场上有国有企业、民营企业、外商独资企业、合资企业。外企、合资企业数量少，工资高于国有、民营企业，这里不作比较。劳动力成本同平均利润率一样，也是有平均水平的。如：国有企业同民营企业，同是经营餐饮、住宿行业，劳动生产率水平相差不大，工资水平差别也不会很大。据统计，2020 年餐饮、住宿国有企业员工年收入为 48 000 元，而民营企业的员工收入为 43 287元。但是制造业就不一样，制造业国有企业员工工资收入为 82 783 元，而民营企业员工人均年收入为 57 309 元，相差较大。国有企业总体上设备技术好一些，劳动生产率水平高一些，民营企业数量巨大，小微企业占大半，全员劳动生产率水平低一些，工资也少一些。但有国有企业的示范作用，民营企业工资太低招不到员工。改革开放 40 多年来企业员工工资增加了几十倍。

关于员工福利，这是一个包括范围很广，占企业增加值一定比例的一块支出。一是社保、医疗保险、失业保险，这三项约占工资总额的 23％，其中企业交 70％以上，剩余是个人交纳。二是住房公积金，上交标准有若干等级，最低标准为工资的 10％，也是企业交大头。三是工会经费按工资总额 1％提取。企业效益好还有年金、住房基金等，这些员工退休时一并发给个人。这是一块刚性福利费。另外企业有净利润时，提取优秀员工、贡献大的技术人员、管理人员的奖励基金后，余下纯利润按 5％提取公益金，用于员工福利。除公益金外，刚性福利支出占工资总额 30％左右。

员工收入这一块是弹性的，当企业效益较好，企业有净利润时，企业董事会一般会根据经营者建议拿出一定的净利润作为员工奖励基金，奖励优秀员工、科技人员、管理者。奖励基金的提出，事先有董事会文件约定奖励基金占纯利润的比例，一般根据企业规模大小，提出比例在 5％～15％。综上所述，企业劳动力成本，包括工资、福利、奖金、公益金，这一块全部在企业增加值中开支。

第三，企业增加值中要减去企业生产经营中的非物化成本。这部分成本是征收企业增值税时，不扣除的。这部分成本包括：折旧费、利息、销售费用、待摊费、科研技术开发费、管理费等。

折旧费是固定资产一年的损耗。企业的固定资产，税务部门是有严格规定的。一是范围有规定。二是固定资产的起点金额有规定，企业购置的单件设备、工具，低于起点金额不能列入固定资产。三是企业商品性房屋不能列入固定资产，如一个企业利用闲置土地开发了商品房，但长期卖不出去，不能作固定资产，只能作存货，不能提取折旧费。折旧费在企业交纳增值税之后列于成本。折旧费可用于企业技术更新改造、用于设备维修、企业房屋的维修。西方资本主义国家的折旧率比较高，折旧率为 10％，企业的技术改造主要依靠折旧费。我国的折旧率为 5％，不能随便提取，因为折旧费在所得税前列支。从企业更新改造的角度来讲，提高折旧率是重要措施。

利息是企业融资成本。中国企业发展时间短，资本和资本积累少，加资金杠杆是生产经营的重要途径，无论是国有企业，还是民营企业，对金融机构的贷款的依存度很高。民营企业的融资是多方面的，银行贷款是重要来源。银行利息是浮动的，按现行规定，银行贷款可在人民银行规定基准利率基础上，上浮100％，在这一规定内各家银行自主决定。另外是非银行金融机构的贷款，比银行利息更高一些，小额信贷公司等民间金融机构借款利息又高于非银行金融机构。但最高只能按基准利率的4倍计于成本，高于4倍的利息列于企业纯利中。

待摊费用，是一特殊的费用，也是企业物化成本的一种。由于单件设备、工具金额不够列入固定资产，但又能使用多年，一次性摊入成本，企业既有困难，也不允许。如工具，可能许多工人都要使用各种工具，单件又不能算固定资产。一个工人可能有十件八件工具，一个厂就是一个不小的数字，又是多年使用，只能逐年摊销。再如：办公大楼装修、车间的简装，花了大量费用，又不能列入固定资产，只能分年摊销。待摊费用摊销不超过5年。

企业科研、技术开发的费用，原规定在所得税后列支，现在国家鼓励企业搞科研、技术开发，可在所得税前列支。这一块费用是长期的，企业搞科研、搞技术开发是一个常态。在中国，大中型企业每年在研发方面有大量投入。除了企业自身搞科研、搞技术开发外，还投资于大专院校的科研机构，赞助社会办的科研机构。科研、技术开发不是一年就出成果，企业搞科研、技术开发既是较长的远期投资，也是企业生存发展的必须投入。不投入光靠购买技术专利，是靠不住的，不仅费用高，而且别人不见得卖给你。个别企业剽窃别人的技术，生产山寨版的产品，这是违法行为，要负法律责任。

销售费是企业营销过程中发生的多种支出，当然是企业成本，但不能在增值税前列支。这些费用包括：广告费用、销售推广产品中发生的费用、产品销售过程中发生的费用、运输装卸过程中的损失等费用。广告费用是宣传企业、宣传企业产品的费用。广告有多种形式，有媒体广告，如电视、电台、报纸、刊物等广告；有网络广告；有各种体育比赛、演唱会的广告；有广告发布阵地的户外广告；有各种电影、电视剧中的软性广告。广告费用很高，尤其是文艺明星、体育明星代理的广告，出场费惊人，电视广告价格也很高。一般企业的广告费正常支出占销售收入的 $1\%\sim2\%$。销售推广产品中发生的费用，如：企业同经销商的联谊活动，在旅游点召开经销商座谈会、推销产品的推介会，有时还发放一些纪念品，还有编外销售人员的销售提成等，发出产品时的劳务费用。销售过程中有时会发生路途损耗，装卸过程中也会发生损耗。这些费用一般与产品的销售成正比，销售多、销售费用也多。这些成本不能在增值税前列出，而在税后企业增加值中开支。

企业管理性支出是所有企业都有的成本，这一成本也不能在增值税前列支。企业管理费范围广、零碎。包括：企业的办公费支出、员工免费午餐支出、车间费用、企业招待费等。现在规定企业招待费一半列入管理费，一半在企业纯利中开支。企业还有一些意外支出，如抢救工伤人员支出，员工外出培训的支出等。这些都列入管理费。管理费在增值税后、企业所得税之前列支，属于企业增加值的开支范围。一般企业管理费用占企业营业收入的 $1\%\sim3\%$。

以上六个方面的成本，本书把它们归于企业的非物化成本，在企业增加值中列支。折旧费、利息、科研技术开发费用、待摊费用、销售费用、管理费用是企业非物化成本，是与税务部门确定的物化成本区别开来的。其实，非物化成本的六项中，除折旧费外都有物化成本的部分。拿利息来讲，金融机构是收入，这个收入要支付机构网点的建设费用；要支付机构网点办公设施的费用；要支付呆账准备金；要支付交通工具的费用。只有人工成本、储蓄利息支出从宏观上讲是国民收入。前面几项的支出也是金融机构的物化成本。

以上非物化成本对每一个企业是实实在在的成本支出，不容混淆。

第四，企业增加值减去增值税、员工工资及福利，减去非物化成本，剩下为企业的毛利，也称企业盈利。企业盈利，按 25％交纳所得税，余下部分为企业净利润，也称企业收入。企业净利润，企业先要提 10％左右的奖励基金，奖励企业优秀员工、有贡献的技术人员、管理人员。奖励基金虽没有法律规定，但已约定俗成，企业有利润不提员工奖励基金，会极大挫伤企业员工、企业技术人员、管理人员的积极性。再按净利润提 5％的公益金，余下为资本收益。资本收益又分为法定公积金、任意公积金，一般两项公积金超过 10％都称为公积金，也是企业积累。再就是对股东的分红。一般企业的现金分红不会超过资本收益的 50％。就是说资本的收益由资本的现金分红、股份分红、资本公积金组成。

为了让读者有一个完整的概念，下面举例说明。假设一个大型民营企业，有资本金 10 亿元，贷款 23.3 亿元，总资产 33.3 亿元，其中固定资产 13 亿元、流动资产 20.3 亿元。全年营业收入 27.7 亿元，企业增加值 11.1 亿元。企业员工 5 000 人。

企业增加值的支出如下：

（1）交纳企业增值税：18 870 万元（按增值税率 13％计算）；

（2）固定资产折旧：6 500 万元（按 5％计算）；

（3）全员工资总额：30 000 万元（按人均 6 万元工资计算）；

（4）福利费加工会经费：9 000 万元（按工资总额 30％计算）；

（5）利息支出：12 815 万元（按 23.3 亿元，5.5％计算）；

（6）科研、技术开发费：3 330 万元（按增加值的 3％计算）；

（7）待摊费用：500 万元；

（8）销售费用：5 540 万元（按营业收入的 2％计算）；

（9）管理费用：2 770 万元（按营业收入的 1％计算）。

合计：89 325 万元。

企业盈利：111 000 万元－89 325 万元＝21 675 万元

企业所得税：21 675 万元×25％＝5 418.75 万元

企业净收入：16 256.25 万元

奖励基金（奖励优秀员工、有贡献技术人员、管理人员）：
1 625.6 万元

企业纯利：14 630.65 万元

企业公益金：731.53 万元

资本收益：13 899.12 万元

现金分红：5 000 万元

资本公积金：8 899.12 万元

上例中税收的种类、税率是按国家现行规定；劳动生产率、企业增加值、企业负债率、折旧率、固定资产、流动资产的比例，是民营企业的一般状况，基本符合制造业实际。而利息计算按 2020 年基准利率作了上浮；科研、技术开发费用，一般按企业增加值 3% 计算；管理费、销售费用占经营收入比例是以作者调查的数据作依据；工资水平与福利是依据 2020 年统计数据；企业营业收入是按劳动生产率 55.4 万元/人计算。企业增加值是企业营业收入的 40%，是作者根据调查和统计民营企业制造业获得的数据。下面具体分析一下企业增加值的分配情况。

其一，劳动力的收入和福利，占企业增加值的比例较高，是第一位的。工资加福利是 39 000 万元，奖励基金为 1 625.6 万元，企业公益金为 731.53 万元，共计 41 357.13 万元，占企业增加值 37.3%。人均可支配年收入 63 251 元。企业员工福利收入 9 731.53 万元，是员工远期收入，有的是退休后的退休金，有的是生病后的医疗费，有的是购房时或退休时可领到的收入等。这充分说明中国在改革开放中，始终坚持了按劳分配的社会主义分配原则。

其二，国家收入占企业增加值的比例是比较高的。上例中，企业增值税 18 870 万元，企业所得税 5 418.75 万元，资本分红的个人收入所得税 1 000 万元，合计是 25 288.75 万元，占企业增加值的

22.8%。这里没有计算教育附加税、印花税、土地使用税等小税种。

其三，企业的非物化成本占企业增加值比例较高，六项非物化成本总计 31 455 万元，占企业增加值 28.3%。

其四，资本收益占企业增加值的比例较少。上例中，资本的收益为 13 899.12 万元，占 12.5%。改革开放以来中国坚持按劳分配为主、多种分配形式并存，允许生产要素参与第一次分配，允许资本参与分配，也遵循了客观经济规律。资本是生产要素，技术、管理也是生产要素，这些要素在企业的载体中同劳动力一起构成了生产力，创造社会财富。资本虽参加分配，但在企业创造的财富中占的比例较少。资本收益占企业增加值只有 12.5%，资本的回报率为 13.9%。资本的回报率是高还是低呢？若一年期银行存款利率为 1.8%，资本回报是利息的 7.7 倍，应该是不低了。西方发达国家的资本回报率在5% 左右，但这 5% 的回报率不算低。一是西方折旧率 10%，冲掉了一块利润；二是西方企业资本雄厚，一般不加杠杆。我国企业资金少，企业加杠杆达 1∶2.33。如：10 亿元资本加上贷款 23 亿元，总资金 33 亿元，西方企业可能 33 亿元资金都是自有资金。我国企业10 亿元资本的回报是 13.9%，收益为 13 900 万元。而西方发达国家资本回报率是 5%，企业资本金是 33 亿元，资本回报是 16 500 万元。同样是 33 亿元资金，中国企业是通过加杠杆，而西方企业是自有资本。表面看资本回报率中国企业较高，但收益的绝对额西方企业高一些。中国企业的部分净利润被利息抵消了。

资本收益的构成

资本的收益中包括如下几项：第一，有资本家作为企业经营者的劳动收入。企业经营者阶层是世界上最昂贵的劳动力，他们凭脑力劳动，凭经营的经验、经营的知识为企业赚取利润。他们的收入包括年薪、期权、股份奖励。中国许多企业的创业者是老板，也是经管者，他们拿很少工资或不拿工资。因高工资要交个人所得税，个人所得税是累进制，最高档税率为 55%。少拿或不拿工资减少了企业个人所得税的支出。企业现金分红的个人所得税率，一律为 20%。如企业经营者年薪为 1 亿元，要交个人所得税为 5 000 万元左右，而分红 1 亿元所交的个人所得税为 2 000 万元。

第二，资本收益中含有技术、管理等生产要素的部分收入。专利技术可作价入股，最高可占总资本的 30%。技术骨干对企业有贡献，除有奖金以外，还有股份奖励。有贡献的高管、经营者有期权奖励和股份奖励。下面简单介绍一下期权。期权是远期购买企业股票的权利。如：一个高管对企业有重大贡献，企业奖励他三年后可购买 50 万股企业股票的权利。这 50 万股股票价值按当时股票价格计算。三年后，企业股票市值（不上市企业以净资产计算）由三年前 8 元/股涨到 11 元/股。这个高管放弃购买企业股票权利，企业按 11 元/股与 8 元/股的差价，即 3 元/股找补现金 150 万元给他。期权奖励的措施极大地鼓舞、刺激企业经营者经营好企业，增加企业股票的价值，增加企业净资产。因为企业的经营好坏与他们的利益密切相联系。股份奖励很好理解，从企业资本积累中拿一部分现金，购买企业股票，奖励给有贡献的技术、管理人员和经营者。期权奖励、股份奖励的资金在资本积累中列支。

第三，资本收益中还有一块是资本的风险收入。资本风险无止境，但企业不能像银行一样，在企业所得税前提取一定比例（如按资产 3%）的呆账准备金。而企业的风险收入含在资本的积累中。

上述分析告诉我们，企业创造的财富是怎样分配的。企业创造的财富即企业增加值减去非物化成本，上述例子是：企业增加值 11.1 亿元，减去非物化成本 31 455 万元，企业创造的财富是 79 545 万元。劳动力、工资、奖励福利占 51%，国家收入占 31.8%，而资本的收入只占 17.5％。这些数据充分说明，改革开放 40 多年来，按劳分配为主的社会主义分配原则，无论在国有企业，还是民营企业基本得到贯彻落实。无论是企业的增加值，还是企业创造的财富，劳动力的工资奖金、福利是最大的一块，在企业创造的财富中占大头。这与中国政府的引导是分不开的。国家收入几十年来的增长幅度都超过经济增长幅度，纳税主体是企业。上述例子中可以清楚看到企业创造财富中较大一块是国家收入。国家收入大于资本的收入。资本的收益占企业创造财富的比例较低，而且包括了资本家作为经营者的工资收入，技术、管理等生产要素的收入，也包括了资本的风险收入。资本收入的大部分作为企业的资本积累，按股份分配的现金约占企业创造财富的 5％。

鼓励资本参与分配

中国现处于社会主义的初级阶段，而且要持续 100 年以上的时间。初级阶段主要任务是发展生产力，全面追赶西方发达国家。资本作为生产要素，作为企业生产经营的工具，在整个发展生产力过程中要发挥重要作用。允许资本参与分配的原则，也必须坚持。充分利用资本的特性发展生产力，发展经济，就必须鼓励国内城乡居民把家庭财富投入资本，鼓励国外资本大量进入中国，使中国经济不断出现新的增长点。资本在中国有收入，参与第一次分配，这是关键的一环。中国现行政策在总体上对资本收益、国家收入、劳动收入的度是把握恰当的。

现在有一种舆论，中国改革开放 40 多年以来，两极分化越来越重。证据有两条，一是中国多年恩格尔系数在 4 以上，超越警戒线；二是一年一度富豪排名榜，说明中国富人越来越富。这给人们一种错觉，中国改革开放把贫富差别拉大了。由于中国几千年的自然经济，平均主义思想严重，这些宣传加重了社会上一部分人的"仇富心理"，不利于社会稳定和社会财富的稳定。中国改革开放 40 多年，消灭了 7.7 亿人的绝对贫困，人均收入按 1980 年不变价增长 23 倍。4 亿人达到中产阶层，全国实现了小康。这一数据正是中国由贫穷走向富裕的过程。一部分人先富起来，一部分地区先富起来，先富带后富，实现共同富裕的目标。中国改革开放 40 多年是向共同富裕目标前进的 40 多年，是一个先富带后富的过程。

中国富豪榜统计富豪的财富是按市值，即按上市股票的统计日市值计算。上市公司股票的市值是随需求浮动的，不是真正的财富。另一方面中国上市公司的股票只有部分是公众股流通，一部分是不能上市股票，所以不能按市值计算财富。中国富豪榜每年不一样，有的上榜富豪破产了，有的跑路了，甚至有的坐牢了。而世界富豪榜相对稳定，不会出现以上现象，只不过排名有变化。至于恩格尔系数只能说收入差距状况，并不能说明两极分化。中国 14 亿人奔跑在致富的道路上，总有跑得快的，跑得慢的，不可能排成一排。少数人跑快，后面的人逐步跟上是正常的过程。

还有一种论调，认为改革开放创造的财富归了少数资本家。这是罔顾事实的。改革开放 40 多年来，中国创造了巨大的社会财富。

一是城乡居民的财富大幅提高了。居民财富配置的第一方面是住房资产，占居民财富比重达 59.1%，是世界首位。一方面中国人口众多，40 多年来城市化步伐加快，中国人的传统财产观念，"看得见、摸得着的财产靠得住"起主要作用；另一方面住房产权手续齐备，有房产证、土地使用证抵押可办他项权证，人们觉得可靠，既能使用，又能买卖、出租，还能传给下一代。居民财富配置的第二方面是居民储蓄。据统计 2020 年中国居民储蓄款达 100 万亿元。其中一些城市住户存款超万亿元。其中北京达 42 889 亿元，人均 20 万元，上海 36 734 亿元。中国储蓄率高达 40%。储蓄率是储蓄金额与国民收入的比例。美国是 7.7%，日本是发达国家中储蓄率最高的，储蓄率为 14.6%，德国是 12.2%，法国是 11.1%，英国是 7.3%。中国储蓄率居高不下，是中国居民"求稳怕风险"的表现，说明中国居民直接投入资本少，财产性收入不足。但也说明中国改革开放 40 多年居民收入增长幅度大。居民财富配置第三块是以资本为主的财产性投资。但这一块数量不多，占比不高。2019 年居民净财产性收入仅占可支配收入的 8.5%。

二是公共资本拥有的财富巨大。中国国有企业在改革开放 40 多年来有了巨大发展，数量虽减少，企业却做大做强了。大部分现有的国企，在改革开放中完成原始积累，据 2021 年统计：中国有世界 500 强企业 127 家，其中国有企业占 90%。改革开放以前中国一家世界 500 强企业都没有。中国的世界 500 强企业中，国有企业、国有控股企业占 60%。世界 500 强企业的门槛是比较高的，企业的年营业收入在 500 亿元左右。据统计：2021 年中央直管企业 97 家，不包括金融类企业。2021 年营业收入 36.3 万亿元，利润 1.8 万亿元，交纳税收 2.4 万亿元。改革开放 40 多年来国有企业经过血与火的洗礼，经过改制、重组等改革措施，更重要的是国有企业盈利基本上作为企业的积累。40 多年来国企凭借不断增加资本积累，不断做大做强，当然还有国家银行的支持，国企创造的 GDP、税收增加了百倍。国企的总资产 2020 年已达 163 万亿元。前几年国家已规定国企创造利润的 10% 上缴财政。随着经济的发展，国企将创造更多的税收和利润造福全体中国人民。

三是国家的收入。国家的收入表现在全国的基础设施建设，表现在民生上，前面已有阐述这里不再细说。2021 年全国一般公共预算收入达 20 万亿～25 万亿元，建设一个强大的国防，保证国家正常运行，70% 以上财政支出用于公共服务、转移支付。为每个公民创造良好的生活环境，为人人创造向上的通道，包括人民的医保、社保、低保，保障青少年受到良好教育。

四是民营资本和资本的积累。据估计，2021年民营企业创造了50％的GDP，50％以上的税收。50％的GDP是57万亿元，57万亿元国内生产总值即企业的增加值，需141万亿元企业的营业收入，民营企业平均1.2元的资金，可创1元钱的营业收入。141万亿元的营业收入需160万亿元的资金。民营企业融资大约占全社会融资的1/3，全社会2021年末社会融资规模存量314.1万亿元，民营企业融资100万亿元，那么民营企业的资金和资本积累约60万亿元。这当然是一笔巨大财富。这笔财富在生产经营中每年创造50％的GDP，创造50％的税收，70％的人就业，这笔巨大财富是社会总财富的一部分，也是社会生产经营资金的一部分。中国当前仍是社会主义初级阶段，发展生产力才是硬道理，资本仍属于稀有资源。至于资本持有人的以资本为主的财产性收入，只占社会财富的极少一部分。

五是外国资本进入中国。在改革开放中大部分外资企业赚得盆满钵满。这一部分收益流入投资的国家，成为该国的国民财富。

综上所述，资本在中国改革开放以来成为中国经济发展的不可缺少的生产要素，成为极其重要的工具。无论是公共资本，还是私人资本，为中国经济的发展都作出了重要贡献，同时也壮大了资本本身。中国特色社会主义，坚持按劳分配为主，允许按生产要素分配的政策，促进了资本在中国的利用和发展。

第八章

资本与共同富裕

　　中国消灭绝对贫困以后，全国实现了小康。中央及时提出向更高级阶段即共同富裕的目标迈进。实现共同富裕的第一步目标，是形成中间大、两头小的橄榄型社会结构。即中等收入人群占大多数，达到人口的70％以上，低收入人口占20％左右，高收入人口占10％左右。为实现这一目标，第一阶段的任务是到2035年，实现中等收入人群倍增计划。中等收入人群即中产阶层在中国的标准是：三口之家的家庭，年收入10万～50万元人民币，这个收入是可支配收入。为什么有10万～50万元这样的幅度呢？中国地域大，仅城市就有600多个，其中，一线、二线城市，中等收入的标准可高一些，三线、四线城市的标准可低一些，农村更低一些。沿海地区农村标准可高一些，西部农村生活费低，标准可低一些。现在全国中等收入有4亿人群，实现倍增计划就是8亿人群。中国共同富裕的实现是一个较长的过程，在这一过程中，不搞高福利主义，不养"懒人"，不允许不劳而获。如果搞超能力的"福利主义"，国家财政不堪重负，便会落入"中等收入陷阱"。因为福利只能上，不能下，下来很难，必然带来严重的经济和政治问题。怎样才能实现共同富裕，又不影响经济的发展，各路专家学者提出很多路径和方略。本书说一条建议：就是充分发挥资本的作用，推动共同富裕目标的实现。

发挥资本的作用，做大经济收入的蛋糕

中国推进的共同富裕不是劫富济贫，再一次搞平均主义，而是要发展经济，做大经济收入的蛋糕。经济的蛋糕要做大就要加大投入，尤其是资本的投入，充分发挥资本这一生产要素的作用。同时发挥资本带动其他生产要素集聚配置的作用，使中国经济发展的质量更高，速度更合理，国民收入不断增长。国民收入增长了，初次分配中，使国家的收入不断提高，居民收入不断增长，资本收入在稳定的前提下有所增加。中国现实是社会财富投向民营资本占比较少。如果社会居民的总财富，一半以上转化为民营资本，就会极大地提高国民生产总值，增加国民收入，将会增加亿万人就业。一个家庭如果有两个劳动力就业于制造业或服务业，就可以造就一个中等收入家庭。国有制造业工人工资更高一些。就民营企业按一个工人年工资 6 万元，两人是 12 万元。高端服务业工资水平更高，低端服务业如餐饮行业一个劳动力年收入也在 5 万元左右。

资本的投入是做大国民收入蛋糕的重要举措。要改变中国人"求稳定、怕风险"的传统观念，改变现有的社会财富的配置格局。现在居民财富配置第一位的是房产，第二位的是储蓄，第三位才是资本投资。要改变这一格局，不仅潜力大、工作量也大，本章后面要讲一些具体的建议和措施。这里强调一条，加强人们的投资意识，要有切实符合中国人心理实际的政策、举措，逐步改变居民财富的配置格局。

中国的农耕社会有两千多年的历史，形成很强的自然经济和自给自足的意识、小农意识。主要表现在"求稳定、怕风险"的意识，"吹糠见米"的现实意识，"传宗接代""水往下流"的传统观念等。这些观念阻碍着城乡居民投资资本。"求稳定，怕风险"就会认为投资资本风险大，储蓄虽然利息低，但是国家提倡的有利又有名。投资房产有抓手，不管怎样有物在，有房在。"吹糠见米"的现实观念，认为投资资本周期长、见效慢。许多居民上过非法集资的当，非法集资不仅编了一个美丽的故事，而且集资回报高，固定在10%以上的利息，有的还先返利息。这就合乎一些居民的"现实"想法，认为利息高、时间短，又无风险。这样非法集资屡禁不止。中国人的观念与西方人是不一样的，总是想留点财产给下一代人，为了下一代，老一代人无论吃什么苦都愿意。勤俭节约，省吃俭用积累的财产为下一代。这就限制了居民投资资本。中国现在一年有上百万个市场主体产生，但投入资本金较少。也有几十万个登记的市场主体停业或破产跑路。中国的经济蛋糕要做大，资本扩容、资本积累不断增加是关键。加快推进资本市场高水平的开放，深化资本市场的改革，推动大、中、小微企业对接多层次资本市场，为居民提供更加丰富的资本投资空间和渠道。让社会更多的私人财富投向实业，转化为资本，使中国经济不断有大量的新增长点，国民收入的蛋糕越做越大，国家、劳动力、资本的收入就越来越多。

切实增加城乡居民的财产性收入

城乡居民收入有两部分，一是工资性收入，即靠人们的体力和脑力劳动取得的收入。包括工资奖金，农民销售农产品的劳动收入，其他劳动所得，如在工余时间打一份临时工的收入。二是财产性收入，指私人财富的收入，私人财富有的是可以给个人带来收入的，包括房产的租金、存款的利息、财产的增值收入。财产性收入重要的方面是资本投资的收益，即股票的分红，股票增值带来的收入，资本的溢价收入（资本溢价是指资本再增发时的价格超过企业净资产的部分）。资本累积，是资本中固定资产形态存在的资产涨价的收益，如土地使用权、厂房、办公楼、设备等，由于涨价因素使原价值成倍增加。举一例子：土地使用权，原批租一亩是 30 万元，经过十年后，土地的使用权费用增加到 80 万元。使用时间减少了，使用权的价值提升了。中国改革开放以来，个人聚集了巨大的财富，但收益的范围不宽。大部分家庭只有财产收益的第一种形式，即房租、利息。资本收益只有极少部分家庭有。"十四五"规划建议，完善要素分配政策制度，健全各类生产要素由市场决定报酬的机制，探索通过土地、资本等要素使用权、收益权增加低收入人群的要素收入，多渠道增加城乡居民财产性收入。我国城乡居民财产性收入占可支配收入比重很小，2019 年年底居民净财产性收入，占可支配收入的 8.5%。净财产收入是指财产性收入交税后的收入。租金要交房产税，利息、红利实现的资本增值收入，要交个人所得税。居民财产性收入的税后收入，才是居民的可支配收入。

如何增加城乡居民财产性收入，运用资本投资的形式增加低收入人群的财产性收入是一个重要渠道。中国低收入人群约有 9 亿人。现在中国居民收入呈宝塔形，低收入人群 9 亿人，中等收入人群 4 亿人，高收入约 1 亿人。低收入人群的标准是家庭年收入低于 10 万元。高收入指家庭年收入超过 50 万元的家庭。

低收入家庭近 3 亿，人口 9 亿多。一是农村刚刚脱贫的人口，2020 年中国贫困标准是人均年收入低于 4 000 元，人均收入超过这一标准就是脱贫，刚刚脱贫人口的家庭收入在 15 000~20 000 元。二是大部分农民家庭年收入低于 10 万元。三是城市人口中家庭年收入低于 10 万元的。如何提升这部分低收入家庭的收入，尤其是提高财产性收入（因为工资性收入、农民的农产品收入增长是有限的），利用资本这一工具，增加这类城乡居民的财产性收入是一个重要举措。本书有两条建议。

第一条建议，是农民的土地流转时用股份化的办法使农民手中的土地使用权变成资本，增加农民的财产性收入。中国农村的土地属村集体所有，农民通过承包的形式，取得了三十年或更长时间的土地使用权。农民种植、耕作土地不产生财产性收入，当土地流转时就存在了。土地流转：一是城市的企业租赁了农民土地，兴办农业生产加工的一条龙企业。二是国家在农村的荒山荒地兴办水力发电、光伏发电的产业。农业生产的产业化、农产品的深加工，吸引着千百万企业，农村风能、光能应用有广阔的市场前景。虽然一次性投资大，但收益长远，可取得清洁能源。这样大批土地的流转是不可避免的。三是随着农业机械化的发展，农村土地向有文化、有技术、有资金的种田能手集中也是一个趋势。机械化种田，一个劳动力能种几百亩的耕地，农村土地流转势在必行。现在流行的是租赁的办法。一年多少租金，使农民让出土地使用权。失去土地的农民或进城打工或就地打工。土地使用权取得的租金成了农民的财产性收入。但租金较少且金额固定，租赁形式往往容易扯皮不断。运用股份制的办法，把农民土地使用权变成资本，就能使农民取得长久的资本的财产性收入。简而言之，土地使用权变股权。尊重农民的现实思想，可将流转土地的使用权转成企业的优先股，当企业有盈利时，必须先保证优先股的分配。企业稳定后再转普通股。或先每年支付租金，等企业稳定后，再转为股份。

农民的土地使用权转化为企业股份时，有几个问题要注意：一是股票的价格按原始股，无论是先付租金还是后入股，其股票价格仍按原始股计算。二是土地使用权的年限虽与承包年限一致，但要考虑农民到期有连续的优先承包权。三是股份只对农民个人，即农民是资本持有人，不要以村集体持股。减少层次，减少费用，更直接。四是要注重宣传资本收益的多重性，即分红收入、增值收入、市场预期收入，与租金区别很大。当然也有风险，企业垮了，租金也收不成，一样有风险。五是要宣传股票是可以在市场上交易的，有变现能力的资产。租金是一年收一年，如果持股在市场交易，可能二十年、三十年的土地使用权的租金一次就回来了。

农民土地使用权在流转中如何作价。现在流行的办法是：依据地段，即土地离城市的距离。把征地的模式借用到土地流转中，这是一种错觉。流转的土地的用地性质是不变的，只是土地使用权的主人发生变化。土地使用权如何定价，关键要看是标准农田，还是非标准农田。标准农田，即排水设施齐全、灌溉设施完善，排灌设施按国家统一标准建设。另外是田间道路齐备，能满足农产品耕作、收割、运输等机械的移动要求，能满足农产品、肥料等运输要求。中国改革开放以来，已建成 0.67 亿公顷高标准农田。非标准农田是排水、灌溉设施、道路都不达标的农田，或只有一方面达标，其他方面不达标。高标准农田的土地使用权的价格就高，非标准农田就低一些。土地的用途都是种植农作物，离城市远近没有区别。至于设施农业用地，配套的极少量建设用地，应尽量用荒山、荒坡或长期闲置土地。价格按集体建设用地作价并作为农民股份。流转土地价格应至少以省为单位设立统一标准，这一块涉及亿万农民的利益，涉及亿万农民的资本性的财产收入，不仅重要，而且是完全有可能的。

第二条建议，是扩大部分国有企业的股份，吸收部分中低收入城市居民家庭入股，切实增加这部分家庭的财产性收入。目前中国国有企业有 12.4 万多个，国有企业中有 35% 的企业亏损，但大部分是有盈利的。还有几千个国有控股的上市公司。在国有企业中拿出 1 万～1.5 万个经营较好的企业，或一部分央企子公司，发行不流通的普通股，吸收有一定财富积累的家庭来购买。投资国有企业要注意以下几点：一是购买股票家庭是年收入低于 10 万元的家庭；二是购股的数量要严格限制，一户不能超过 6 万股。在今天大数据时代以上条件容易实现。

国有企业有较好效益，对低收入家庭来讲，投资风险小，安全系数高，对这些家庭有较强的吸引力。当前中国资本仍是稀有资源，能够挖掘城市居民的私人财富投资资本，是一个一举多得的好事。一是企业正面临混合制经济改革，通过增发股份，吸收居民的资金，吸收国人参股，对改变股份结构，推行法人治理体制，建立现代企业的治理结构有重大意义。二是增加了国企的资本金，增强了国企融资能力和拓展市场的能力。若平均一个企业吸收资本9亿元，可增加贷款22亿元，一个企业增加30多亿元资金。企业的扩张、投资更新改造能力会大大增强，就能提高盈利能力。三是扩大了增发股票的国有企业的就业容量。9万亿元资本金可以创造几千万个就业岗位。四是切实增加了居民的财产性收入。从分红的角度，可以增加分红收入。另外还有资本增值、溢价等的收入。企业效益较好时，资本有预期收入。也就是说当资本持有人转让该资本时有可能成倍增值。另外资本在企业经营较好时可享受送红股、购配股。居民持有股份的财产性收入不是用简单分红计算的。

上述两条是运用资本这一工具，切实增加城乡居民财产性收入的举措。还有一项重要的措施，就是要建立产权交易中心，让城乡居民持有的股份可变现，可交易，也可使居民、投资人自由在产权交易所交易不上市的股票。这样的产权交易中心，在每个省会城市都应设立。产权交易实行委托挂牌办法，要鼓励一些投资公司、投资基金参与。

正确引导第三次分配

中央正式提出第三次分配的大课题在社会上引起很大震动。分配是经济的重要环节，分配有一次分配、二次分配、三次分配。第一次分配是在企业内部进行，是企业增加值除去非物化成本和税收后的分配，是企业创造的大部分财富在内部的员工、生产要素方面的分配。第一次分配：一是贯彻按劳分配为主的原则，按干多干少、贡献大小，以工资、奖金形式分配给员工。另外一块是福利，福利的大部分是员工暂时不能支配的收入，如医疗保险，当员工生病时才能享受；退休保险在员工到达退休年龄才能拿到；住房公积金，员工购房可以领取，不购房退休时领取。福利基本上是员工人人有份。二是按生产要素分配原则，技术管理、资本参与分配，技术管理本身也是脑力劳动，一部分在工资、奖金中体现了，一部分在资本的分配和积累中体现。

第二次分配是国家通过税收，以转移支付、公共服务的形式，保障劳动者、公民的基本需求。其中，税收的一部分除了用于国防开支、国家行政的费用外，大部分用于民生。税收，主要是用于基础设施建设和教育，保证个人向上流动的通道畅通，提高人力资本的素质。一次分配政府有政策，企业主导，以效率为中心。二次分配由政府主导，以公平为中心。

第三次分配是指高收入人群，尤其是富裕的人群，在自愿的前提下，拿出部分收入，捐助公益事业，帮助低收入人群，帮助暂时遭遇灾害的地方和人群。第三次分配不是"劫富济贫"，更不是"杀富拉平"，第三次分配体现"先富带后富"的原则。

第三次分配是人类发展到一定阶段，基于道德和信念而进行的分配。第三次分配的数额多少，首先取决于国民收入中资本的收入的多少，高收入人群收入的多少；其次决定于道德力量对人们的影响程度；再次是富裕的人群看到这个社会的希望，收入预期好。社会的发展足以使每一个富裕的家庭不需把更多的财富留给子女。社会的进步使更多的人懂得生活的富裕、财富的积累主要依靠自身的劳动、工作，靠自身的创造力，而不靠遗产。

第三次分配不带任何强制性或变相的强制性，是出于本人自愿的原则。捐赠与不捐赠完全出于自己的意志，捐多捐少完全出于自愿。捐助的项目、对象，政府有指引，具体由捐助人决定。捐助的形式是货币还是物资由捐助者决定。

第三次分配不影响企业的正常经营，不影响资本的正常扩张。第三次分配是高收入人群的自愿行动，高收入人群主要是资本家阶层。不影响企业资本的积累，就不会影响企业的正常经营、正常的更新改造、正常扩张。从上一章我们看到，企业收益的大部分是国家收入、劳动力的收入。如果因为第三次分配而减少企业资本的积累，影响下年度企业的盈利，削弱企业创造就业岗位的能力，反而会增加低收入人群，这样就得不偿失了。有人会问，企业资本积累后，哪有钱进行第三次分配呢？有的。一是企业只要经营好，总会有分红，现有较好企业净利的一半左右用于现金分红；二是企业的控股人的财富不限于分红；三是企业的经营者、高管等人员工资、奖金收入也是不少的。企业的资本积累本书前面以专章说明是社会的共同财富。资本积累用于生产经营，创造的国民收入第一是劳动力的收入和福利，第二是国家收入，第三才是资本的收益。资本收益至少 50％ 以上是资本的积累，资本积累是社会财富，是创造财富的财富。

第三次分配，除救灾以外，不提倡一般工薪阶层节衣缩食挤出一部分收入去捐助公益，帮助别人。也不提倡高收入人群倾其所有去做公益。第三次分配是社会发展到一定程度，人们思想觉悟，道德水平达到一定高度的产物。低收入人群和中等收入人群中道德水平高的人，愿捐助公益应允许，但不提倡，千万不要进行过多的宣传。第三次分配的主体是高收入人群。高收入人群的最低界限是一个三口之家年收入超 50 万元，有条件、有能力拿出一部分财富帮助低收入人群，做公益事业。尤其是资本家阶层，他们的年收入，既有工资性收入，又有财产性收入；既有一般财产性收入，如租金、利息等，又有资本性的财产收入，如资本的红利、资本增值等收入。他们有能力、有条件充当第三次分配的主角。除资本家阶层外，还包括企业经营者和高管，含国有企业的高管，小企业主，少数个体工商户，金融机构的骨干员工，高级知识分子，知名文艺、体育明星等。富有的人群捐出一部分或少部分工资性收入、财产性收入用于社会公益，帮助低收入人群，既提高了部分低收入人群收入，也不影响高收入人群的生活。

国家应允许把第三次分配与企业的经营、资本的有序扩张有机结合起来。有许多公益事业与经营性的事业并不矛盾，例如：修路、修桥是公益性事业，但给一定的收费期，也就是经营性事业。治沙是公益性事业，把治沙地让治沙企业经营二三十年，经营风电、光伏或葡萄园、苹果园等，也是经营性事业。又例如：企业赞助高等教育、高等职业教育，允许企业在大学、高等职业院校毕业生中择优录取部分员工。鼓励单个企业或多个企业开展对较低收入人群的职业培训，努力提高低收入人群的综合素质，使社会劳动力的技能大幅提高，从而增加这部分劳动力的收入水平。因此，劳动力培训的费用应视为第三次分配。

建立第三次分配的良好机制，有许多具体工作要做，要进行细致的筹划。

首先，要努力提高全社会道德水平，尤其是加强对高收入人群的道德教育。要旗帜鲜明地批评"赌富""炫富"的不良社会现象。对于悄然出现的食利阶层要引导限制，对其违法犯罪行为要坚决打击。如：现在一些大中城市城中村的拆迁，造就一部分人"一夜暴富"，由于文化素养、道德修养不高，有些人成为食利阶层，加剧了吸毒、赌博、嫖娼等丑恶现象的蔓延，社会上形成了所谓的"拆二代"的现象。随着时间的推移，中国第一代创业者，逐步面临交班和财产交移的关口，若引导不好，也会产生一批食利阶层。食利阶层是指不劳动，不工作，靠家庭上一代人积累的财富过着奢华生活的人群。这种状况若大面积出现，会影响一部分家庭的几代人，对社会，对家庭都是不利的。

　　其次，要形成一种社会力量，那就是让所有的人看到社会生活的希望，这种希望使人们看到，靠自身辛勤劳动、工作，靠自身的创造力就能实现生活富裕。这种希望也使富裕的人群认识到，不必把更多的财富留给后人。在这个社会只要辛勤工作、劳动就能过上富裕生活，而不靠上一代的遗产。还要提倡"人人向上"的精神，每一个人要通过辛勤工作、劳动，努力拼搏就能争取富裕生活，不能做懒汉，社会主义不养懒汉。也要反对部分低收入人群的仇富心理。现在富有人群的财富是改革开放的成果，也是个人努力打拼的结果。至于极少数人的财富来路不正，这只是富有人群的千分之一以下，不能以偏概全。中国改革开放以来，人们的收入普遍提高，总趋势是向富裕发展，当然有先富后富、快富慢富的差别，国家正在采取措施缩小这种差别。中国先富的人群基本上是 20 世纪 90 年代开始形成的，他们是中国改革开放政策的受益者，大部分人是改革开放的弄潮儿，对中国特色社会主义的理解，对共同富裕的认识应比一般人深刻。他们会响应党中央第三次分配号召，在共同富裕的第三次分配中自愿唱主角。

　　国家应明确第三次分配的捐助对象、公益事业范围，引导富有人群捐赠的方向。如低收入人群是一个范围概念，应把第三次分配重点引导到帮助刚过贫困线和年收入只有 3 万元以下的家庭。公益事业的范围应有明确的指导意见，尤其是重点帮助农村孤寡老人养老。目前国家以乡镇为单位建立的养老机构其生活费是低标准的，孤寡老人的护理和医疗费用不足。在赞助对象、捐助的公益事业范围指导下，具体赞助哪些对象、哪些范围由赞助人选择，用什么样形式也由赞助人决定。要支持富有人群参加政府监管的各种公益性的基金组织，长久参加第三次分配。

　　要鼓励企业尤其是民营企业开展造血性质的帮助低收入人群的活动。例如组织有一定规模、较系统的劳动力培训，这种培训要有师资队伍，参加培训人员有午餐，年龄在 40 岁左右，经过培训，企业提供工作岗位供培训人员选择。培训不是十天、二十天，而是三个月以上。一批接一批的培训，才能提高劳动力就业的技能、思想素质。这些人取得劳动岗位后就是一个合格的劳动工人，拿到相应的工资收入。组织生产工序简单的产品下乡，设立村办车间，也是一种方法，使一部分农村人口可以就近就业。

要明确各种公益组织的规定制度。如：基金管理费占基金的比例，理事会成员产生的程序、办法，要明确公益组织主要赞助人有推荐若干理事的资格等。

第三次分配要形成社会机制，就要有一定的政策措施。个人赞助公益、帮助低收入人群的收入，应减免个人所得税。企业按资本分红的红利直接捐助公益事业，个人收入所得税应减免。个人其他收入用于捐助，要从个人收入所得应交税基数中减除。企业赞助公益事业的费用，应在企业所得税前列支。这些政策虽然国家减少了税收，但大幅度增加了第三次分配资金的来源。作为捐助者，也增加了捐助的动力。加上社会舆论的宣传、提倡，就会逐步形成日益向好的第三次分配机制。社会舆论应大力宣传第三次分配的意义，宣传每一个积极自愿参与第三次分配的个人和企业。不提倡低收入人群捐助公益事业，也不提倡中等收入阶层，节衣缩食，降低生活质量捐助公益事业。

适时推出"遗产税"，是建立健全第三次分配机制的重要一环，也是实现共同富裕的重要一环。世界上资本大规模出现已有300多年的历史。资本发达的西方社会发生了重大的变化。一是财富的集中度有改善但仍然不足，富有人群占人口10%，占总财富的70%。二是产生了巨大的中产阶层。美国中产阶层标准是一个三口之家年收入6.87万美元；欧盟为四口之家年收入32 700～61 300欧元；日本为家庭年收入798万日元。这些国家中产阶层约占人口的66%，财产占社会总财富的1/4左右。三是财富的积累方式发生了一些改变。过去家庭财富的积累主要靠继承，现在逐步改变为家庭财富的积累，主要靠自己一辈子辛勤劳动和工作所得的积蓄。愈来愈多的资本所有人，把自己的财富全部或大部分捐给社会。社会进步、道德水平的提高是一个方面，严格的遗产税起了重要作用。遗产税是财产税的一种，也是国家调节分配的重要一环。

中国改革开放 40 多年来，已形成资本家阶层，而且这些人已近暮年，家庭财富的继承已摆在面前。中国是一个家庭意识很深厚的国家。中国社会长期流行"水往下流""留财产给后人天经地义"的观念。财富继承一事处理不当，会加重社会的不平等，造就一批不劳而获的食利人群，给社会造成不好的影响。

哪些遗产需要交税，这是一个必须解决的问题。有财产持有税的遗产可不重复交税，比如房产，如果推出了房产税，继承房产的人不应再交税。易耗品也不应再交税，如继承了一辆二手车也不应交税。日用品更谈不上交税。除上述以外，财产继承一律要求交遗产税。怎样交税，也是一个必须解决的问题。例如一个家庭继承了上辈的一个企业，资本和资本的积累有 10 亿元，按 50％ 交遗产税，卖一半股份变现交税不大现实。一是除上市公司的公众股外，其他股份一时变现可能性不大。二是资本持有人的重大变化会引起企业生产、经营的变化，影响企业的经营利润或遭遇人为风险，影响就业，影响社会稳定。国家税务机关应接受企业的股份纳税，另由国有控股或全资投资公司收购这些股份，确保企业交纳遗产税的时候，震动最小，维护社会的稳定，维护企业的稳定经营。至于储蓄存款继承人交遗产税，用现金是没有困难的。

鉴于中国的家庭财富处于积累起步阶段，尤其是中等收入人群占比不足 30％，人口总量较大。遗产税设立一个起点，使中等收入家庭不受影响。遗产税是有一定负面影响，但只要不伤及中产阶层，就不会有太大的副作用。

遗产税的推行有重要现实意义。一是有利于全社会形成"人人向上"的好局面，所有的人形成依靠自己的辛勤劳动和工作，过上富裕生活的观念，不寄希望先辈的荫庇。"人人向上"的通道已经打通，年轻一代人人发奋图强、努力向上、全面发展的机会已具备，加上遗产税的推出，促进社会加速形成人人向上的氛围。二是遗产税有利于第三次分配形成社会机制。第三次分配对共同富裕有长久持续的意义，也是中国特色社会主义深入发展的一个标志。2022年中央正式提出共同富裕的目标后，得到全社会的热烈反响，但形成一种长效的社会机制，还需要时间。除了长期艰苦工作、舆论引导，重要的一环就是推出遗产税，继承、赠予财产是要交税的，这本身就是第三次分配的机制之一。三是遗产税有利于减少中国的食利人群。允许资本等生产要素参与分配，也会产生一部分人完全依靠资本等财产性收入生活，一生无所事事，不劳动、不工作。中国社会要限制、缩小食利阶层的发展存在空间，这既有利于富有人群子孙后代的发展，也有利于整个社会的风气向上发展。四是可以增加国家的收入。中国除低收入人群、中等收入人群的财富外，富有人群的财富约在150万亿元左右，还在不断增加。遗产税推行后，二十年增加75万亿元的国家收入。这些收入的绝大部分或全部可用于公共服务、转移支付，提高二次分配的水平。五是遗产税有利于缩小收入差距，降低恩格尔系数。恩格尔系数4以上为警戒线。实行遗产税以后，富有阶层的财富会减少，家庭拥有财富的差距会降低，加上第三次分配，提高低收入人群的家庭收入，实施中等收入人群的倍增计划，中国的恩格尔系数会降到4以下。

遗产税是富人的财产税。要看到中国改革开放40多年来，虽然私人资本从起步到发展速度很快，但同西方发达国家富有人群比较，我国富有人群的财富无论是总量或家庭平均水平还是差距较大的。中国是社会主义国家，共同富裕是我们的目标，遗产税不会冲击人们对资本的投入，不会影响人们创业的积极性。人们创业、投入资本是人生价值的展示，创业赚了钱，成就了企业，捐给公益事业既给社会作贡献，也体现了本人的价值，因此，遗产税不会影响人们投资、创业的积极性。

资本不是扩大贫富差距的工具，而是共同富裕的工具。中国几十年来，利用市场、利用资本发展了经济，创造了奇迹，也一定能利用资本实现共同富裕的宏伟目标。

第九章

资本的监管

　　资本作为生产要素，企业生产经营牟利的工具，在社会主义初级阶段、社会主义中级阶段都是发展经济、发展生产力的有效手段，资本的存在贯穿社会主义时期。资本的破坏性，也会伴随资本而存在，因此对资本的监管是一项长期任务。社会主义是一个相当长的历史时期，资本和市场作为经济的手段是长期存在的。

资本在中国将长期存在

　　首先要简单了解一下，160 多年前马克思、恩格斯关于社会主义、共产主义的设想。马克思学说的三大组成部分，即马克思主义的哲学，马克思主义的政治经济学，马克思主义的科学社会主义学说。前两大学说是科学社会主义理论基础，比较系统的科学社会主义学说表现在恩格斯的《反杜林论》一书中。马克思、恩格斯把共产主义分为两个时期，一是社会主义阶段，二是共产主义阶段。社会主义是共产主义初级阶段。社会主义革命可能在当时西欧最发达的资本主义国家发生。发生社会主义革命的国家可能是一个或多个资本主义国家。社会主义是建立在发达的资本主义生产力之上的。只有在全人类都获得解放，生产力高度发达，物质极大丰富的条件下，才能实现共产主义。具体一点讲：共产主义是要在全世界范围内实现的。在世界范围内消灭了剥削，消灭了城乡差别，消灭了体力与脑力劳动差别，消灭了贫富差别；生产力高度发展，物质极大丰富，达到按需分配；人们的觉悟、道德水平空前提高，劳动和工作成为人的第一需要。这样社会的旗帜上写上共产主义。

这样一个伟大的预言，在 20 世纪初期资本主义链条上比较薄弱的环节，当时的俄国付诸实践。当时俄国一方面是资本主义欠发达的国家，另一方面广大农村是一个农奴制的社会。当时苏联在建设社会主义的实践中，在政治、经济、文化上全面进行了探索。在经济上形成三个方面的模式，一是在所有制方面，全面实行公有制，消灭私人资本和资本家阶层。农村实现以集体农庄为代表的集体所有制模式。城市是清一色国有资本。二是分配上实行按劳分配。实行按劳分配基本是工资制，与我国现行按劳分配是有差别的。我国现行按劳分配体现三个原则：干与不干不一样，不劳者不得；干多干少不一样；干好干坏不一样。三是在经济资源的配置与经济调节上，是计划调节。生产的产供销一律由计划主导。这三个方面的模式有悖于经济发展的规律。

1949 年新中国成立后，我们在经济上基本沿袭了苏联的经济建设模式。在改革开放以前也有一些独特的实践。1949 年党中央提出新民主主义的阶段，通过 15 年过渡，发展生产力再进入社会主义。对资本家阶层提出"团结、利用、限制、改造"的方针，这一方针有利用资本发展经济的思想。这一方针和新民主主义的路线被 1956 年的社会主义改造运动所冲击。1956—1978 年二十多年间民营资本被完全社会主义改造后，再也没有出现。

党的十一届三中全会以后，中国走上了改革开放的道路，与时俱进，把马克思主义理论与中国特色社会主义建设实践相结合，提出中国特色社会主义的理论，并在实践中不断完善。中国特色社会主义的理论，一个重要的思想是根据中国生产力水平低下，人民生活还不富裕的实际，创造性地提出社会主义初级阶段的思想。社会主义初级阶段的主要任务是发展生产力，在经济上全面追赶发达的资本主义。中国改革开放40多年，已取得巨大成绩，成为世界第二大经济实体，完成前三次工业革命，并走在第四次工业革命的前列。在这一过程中充分发挥了市场作用，发挥了资本的作用，这是有目共睹的。

但是，我们仍处在社会主义初级阶段，经济上追赶发达国家的路还很长，中国仍是一个发展中的大国。2021年我国人均GDP约1.2万美元，世界高收入国家的标准为12 695美元，我国离这个标准还有距离。另外与发达国家的差距更大。2021年美国人均GDP约5万美元，欧盟人均GDP也在4万美元左右。中国的经济已由高速增长转入中速增长。据估计2049年中国人均GDP将实现4.5万美元。到那时中国将进入世界富裕国家行列。在经济发展的质量上，中国也与世界发达国家有较大差距，劳动生产率水平也有较大差距。中国改革开放以来，科技水平有了巨大发展，有些领域走在世界前列，但总的水平还有差距。中国在经济领域追赶发达国家的路还很长，发展是硬道理不会过时。

在进入社会主义的中级阶段后，社会主义同资本主义进行全面竞争。在经济领域，社会主义的强大优越性表现在要比资本主义创造更先进的生产力。人民生活水平更优于资本主义，社会主义在全世界有很强的示范、引领作用。这一阶段也是很长的历史时期。这一历史时期中，资本的作用是少不了的，市场的作用也是存在的。资本和市场已经推动生产力的高速发展，将来也是生产力发展的动力。

综上所述，整个社会主义初级阶段、中级阶段，利用资本发展生产力，发展经济是不可少的。资本在中国的存在是长期的，对资本的利用是长期的，对资本的监管也是长期的。资本有革命性和破坏性，只要利用资本，资本的破坏性也就会表现出来。要树立对资本长期监管的思想，逐步建立对资本监管的体系，并在实践中不断完善。

资本监管的成效

中国实行改革开放以来，尤其是近十年来，不断加大对资本的监管力度，取得了很大的效果。其一是掀起了全国范围的环保风暴。资本对环境的破坏有长久历史。西方资本主义国家对本国环境的治理从20世纪初开始。但除治理外，他们还大量输出污染型企业。现在碳排放已构成对全球的威胁，气候变暖、海平面升高，严重影响人类生存环境。中国早在10年前就掀起环保风暴，开始大规模环境治理。一方面大规模削减钢铁产能，关停大量小水泥、小化工企业；严禁河流采砂、限制开矿；压缩火力发电等。另一方面大力发展新能源产业，发展光伏、风力发电、水电，推广新能源汽车。2013—2020年中国累积减少碳排放24.3万亿吨，超过联合国气候变化大会规定的中国减排标准20.3万亿吨的目标，给世界创造了一个奇迹，树立了一个标杆。环保风暴中，政府推出一系列监管资本、淘汰污染严重企业、限制排放的举措，有效抑制资本对环境的破坏作用。同时，加大对河流山川的保护，大力种草植树，整治污染的河流湖泊，退田还湖、退耕还林，整治荒山沙地。全国的空气质量、绿化率大大提高，河流湖泊的水质普遍提升。在农村开展美丽乡村建设，许多偏远、落后的村庄，现在发展成为"诗与远方"的旅游景点，成为城里人休闲的好去处。

其二是立法反对资本的垄断。资本的垄断是一个普遍现象。资本为追逐利润，利用企业的雄厚资金、技术，先用市场的低价打压同行企业，挤垮中小企业，然后用兼并、收购等手段，收购同行业大企业，达到垄断市场的目的。垄断市场后，通过制造供应紧张，提高物价来提高企业盈利水平。垄断是资本对市场经济的破坏，全世界都在打击垄断。市场必须有竞争对手、竞争企业，企业要做大做强，但不能垄断市场。中国虽然发展社会主义市场经济只有 40 多年时间，发展资本尤其是民营资本也只有 30 多年的时间，但已经出台了《反垄断法》，并就垄断市场的行为开出了罚单。随着经济的发展，涌现出新的经济形式，如平台经济，国家也开始注意，反对垄断性的平台经济，并开始出台规定，有效限制。

其三是运用宏观调控的手段，制止、调节资本的无序竞争与扩张。中国的宏观调控不是原来意义上的计划经济。宏观调控一是国家每五年有一个经济发展的指导意见。这个意见既有目标也有经济发展的方向和大致的规划，有前瞻性。二是宏观调控与杠杆结合起来。运用税收的杠杆、货币的杠杆，国家支持发展的行业，国家政策性银行给予支持贷款。这些政策性银行贷款时间长、利息低。三是对一些重复建设、无序扩张的行业进行调节，压产能、撤并企业等。现在开始对资本设立红绿灯，逐渐明确哪些行业能进入，哪些行业暂不能进入。防止无序竞争和扩张而浪费大量财富，造成经济危机。

其四是严厉打击资本腐蚀公权的行为。资本腐蚀公权，是指私人资本为追逐利润，用行贿的办法，拉拢、收买公务人员的行为。西方发达的资本主义国家，资本的势力强大，在政治制度上是为资本服务的，但是严禁资本为某个企业的利益行贿公务人员。中国利用资本只有几十年，许多方面没有详尽的规定，法律条款有的还比较抽象，因此资本腐蚀公权的现象经常出现。近十年来中国通过暴风雨般的反腐行动，沉重打击腐败，逐步建立起比较完善的公务员制度，制止资本侵蚀公权。

资 本 的 管 制

下面谈一谈资本监管的另一形式：资本的管制。西方媒体除炒作"中国威胁论"以外，就是炒作中国的资本管制政策。中国的资本管制包括下列内容：一是货币兑换的审批制度。在中国创汇企业、外国资本流入中国的外汇，要使用时须经过国家外汇管理局审批，外国资本项目条件下的收益是可以兑换外汇出境的。中国的创汇企业经批准可以用外汇出境购买原材料、设备、技术等。这项外汇出境审批制度，能有效防止国际上对赌人民币价格的投机者，防止他们制造人民币的大的波动，影响中国经济。二是控制外国资本进入中国的行业。外国资本能进入哪些行业，不能进入哪些行业，进入多少要获得批准。现在制定了负面清单，负面清单是不允许进入的，其他是可进入的。中国正在与国际接轨，愈来愈多的外国资本来中国投资实业办企业。世界上新兴国家大多数都对外国投资逐步放开，但需要审批。比如我国企业收购美国的企业，也需要美国政府批准。三是国内资本流出的问题，是需要控制和限制的。国内资本的流出，一种是生产性流出，即在境外购买原材料、配件、设备、技术等；另外一种是投资性流出，到国外投资办厂，收购企业，兼并企业，这些都需要审批。其他国家也是需要审批的。还有一种情况是一些富起来的人把财产转移到国外，这是要严格控制的。中国是一个发展中的大国，发展经济需要大量资金，管制国内财富转移是理所当然的。

当今世界上存在着新兴国家、发展中国家、发达的资本主义国家。发展中国家和新兴国家，在国际经济交往中多少都有保护主义。一个国家的民族资本比较弱小时，产业刚刚在发展中，采取一定保护措施，这是十分正常的。涉及国计民生的重要行业，如金融、能源、通信、粮食等行业，实行适当的保护是完全必要的。中国资本也开始走向世界，当我国企业收购另一国企业时，也是需要该国政府审查批准的。包括美国在内都是有条件进入的。世界许多新兴国家、发展中国家对外汇和资本都有一定范围内的管制措施。

中国资本的管制措施，随着改革开放的不断深入，也在逐步放开。货币的自由兑换也在逐步实行，2021 年中国进出口总额突破 6

万亿美元，其中出口 3.37 万亿美元，进口 2.73 万亿美元，是世界第一外贸大国。有些经济领域对外国投资者没有完全开放，主要是指服务行业，针对的是中国金融业，中国的资本市场。改革开放初期，中国金融业比较弱小，适当保护是恰当的。后来逐步放开，允许外国资本少量入股，现在已开放了保险业，资本市场也在进一步开放。当然，要有一个让中国资本市场进一步完善与世界接轨的过程。至于对外投资，这十多年已逐步放开，中国资本走出国门奔向世界市场已是常态。

如何加强对资本的监管

综上所述，中国利用资本这个生产要素是长期的。中国对资本的监管也是卓有成效的。要进一步加强对资本的监管，建立完整系统的体系，更好地发挥资本的作用，有效防止资本的破坏性，要注意下面几方面的问题：

第一，必须正确认识资本的破坏性一面，树立监管资本的意识。中国改革开放以来，尤其是从 20 世纪 90 年代以来，把招商引资作为最重要的工作。社会上有一种认识，招商引资能发展地方经济，能发展生产力，能改善人民生活。所以各地在招商引资中竞相提出各种优惠的条件，如税收的减免、土地使用权价格的优惠，有的甚至白送土地；有的还先由地方垫资建好厂房，几年后由投资方归还投资等。当时中国经济还比较落后，充分利用资本，通过招商引资，发展经济这是正确的。随着时间的推移，许多人只知道招商引资，而对资本的破坏性淡忘了。资本在 30 多年的发展过程中给社会带来很大发展，给中国经济提供了巨大活力，而且成功地避免了资本主义社会初期涌现的资本原始积累的侵略史、工人的血泪史。在资本原始积累过程中，创造了数亿人就业，使 7 亿多人脱离绝对贫困，人民的可支配收入增加 20 多倍。这是资本发展的奇迹，也是世界的经济奇迹。这个资本包括公共资本和私人资本。中国经济发展 40 多年，另一个奇迹就是中国经济没有发生全局性的经济危机，没有发生全局性经济衰退。经济危机就是经济出现大萧条。经济衰退是指经济在一定年份出现负增长。1998 年发生的亚洲金融危机，2008 年发生的世界性金融危机，虽然没有引发世界经济大萧条，但引发了世界经济近十年的衰退。中国经济能独善其身，而且在高位增长，这是中国特色社会主义道路决定的，充分展现中国特色社会主义道路的优越性。

上面两种现象，使一些人对资本破坏性的认识淡薄了。资本的破坏性有三个大的方面，制造经济危机，破坏环境，侵蚀公权。这里着重说一下资本制造经济危机对社会的危害。资本的竞争造成社会产品过剩，引起系统性风险，最后形成经济危机。危机形成后，使大量社会财富化为乌有，大批企业倒闭，大量人员失业。危机过程是十分痛苦的。现在全世界都在研究避免危机的办法，研究治理危机的措施。

中国人口众多，中国消费市场随着经济发展在迅速提升。世界资本纷纷涌向中国，既抢占市场高地刺激了中国资本，也带来了资本的副作用。中国已成为经济全球化主要动力，成为世界第一大外贸国家。世界上主要资本主义国家，如发生危机或经济衰退，在全球化大趋势下必然影响中国。因此加强资本监管，防止全局性危机，防止行业性系统危机，减轻危机的程度，是中国经济独善其身的重要一环。

加强资本监管，当前有许多重要事情要做，如淘汰落后产能、过剩产能，防止新兴行业的重复建设都是重要的方面。不能从地方保护主义出发，对待淘汰落后的过剩产能。有种观念认为：引进一个企业千辛万苦，淘汰一个企业既影响地区经济，又留下众多的劳动力需安顿。这是不对的。过剩、落后产能是发生经济危机的基础，应坚决淘汰。对新产业不能只顾市场的潜力，需要等待一个释放的过程，各地一拥而上，只会很快造成市场的拥挤。这些都是对资本破坏性认识不足造成的。因此提高认识，正确对待资本的革命性、破坏性，加强资本监管，建立一个长久、完善的资本监管体系是十分重要的。

第二，运用法律的手段，系统监管资本。法律监管，这是世界普遍采取的监管资本的方法。法律带有强制性，违背法律要受到处罚，甚至负刑事的责任。

法律监管包括立法、普法、执法的环节。立法是前提。资本监管的法律必须十分具体，十分细致，绝不能有弹性空间。违法的处理也必须十分明确：是罚款，是刑事处理，至少具体到月，不能有10万～30万元这样的弹性。监管资本的法律，是与资本、资本家打交道，从某种意义上讲是与有钱人打交道的。如果资本违法的标准不具体，处罚有弹性，既会造成资本腐蚀公权，也会造成少数素质不高的执法者勒索资本。比如一个企业排放污水不达标，法律规定应处罚该企业100万～500万元，这样企业就会千方百计调动一切手段，减少处罚。企业即使不启动公关手段，个别素质较差的执法人员也可能利用这个弹性，先开口罚款要500万元，企业做工作以后只罚200万元。这既削弱了法律的严肃性，也给社会不良风气开了先河。没有弹性企业就没有做工作的诱惑，只能接受整改，接受处罚。执法人员也严格依法办理，减少犯错误的可能。考核标准也明确。

立法以后，修改法律、完善法律有明确规定，是各级人民代表大会的职能。而法律的解释往往出自执法部门。资本监管法律，不能由执法部门来解释，执法部门是依法办事。立法部门应设立专门的部门或机构，负责司法解释。另外，司法解释是补充完善法律的临时措施，在下一次立法机构开会，应修改、补充到法律中，在一定时间没有补充、修改应视为解释不准确，应予以撤销。司法解释与原法律有不一致的地方，应以原法为依据；司法解释与其他法律条款有冲突的，应以其他法律条款为依据。

资本监管法律制定通过后，从颁布到生效应留一段时间作为普法期。比如某法 3 月 1 日颁布，7 月 1 日执行。普法期让资本所有者学习领会，自觉改进。在这一期间组织讲座、答疑的活动，调动法律专家及杂志、电视、网络等媒体，普及新法或宣传修改法律知识。这样，许多违法的行为先行自己纠正，既减少资本损失，也大大减少了执法成本。

执法是法律监管资本的关键环节。法律规定具体，执法的难度就小多了。执法应注意两个问题：一是法不究往，二是尽可能以经济的处罚处理违法不太严重的企业。法不究往。资本的监管一般是滞后的，资本的活动哪些正常、哪些非正常，开始是不清楚的，在产生后果以后，而且有一定影响，才有立法。在没有立法前的违规，就不能按新法处罚，有规定按原规定处理，没有规定不能处理。用现行法律处理资本监管中过去的问题，现在常有发生。中国资本本来发展时间不长，正在壮大中，法不究往的原则应彻底贯彻。资本的监管中，对违法资本的处罚，一些发达国家是以经济处罚为主，刑事处罚为辅。经济罚款有的对企业开出百亿美元之巨的罚单，而不动企业法人代表或经营者。这样既保证了企业的正常经营，也保障了国家的税收，保障了工人就业，也使违法企业受到了经济惩罚，吸取教训。一个企业如果法人代表或经营者受到刑事处罚，虽表面上经济损失不大，但可能导致企业停产或倒闭。违背资本监管的法律与少数个别企业犯罪活动，是不同的。前者是无序竞争、扩张、垄断，污染排放超标，对宏观调控敏感度不够等。后者是诈骗、非法集资、传销、以劣充优等刑事犯罪行为。这些与资本监管没有关系，这是刑事犯罪，应予坚决打击。还有一种现象，一些黑社会组织也披上企业的外衣，这与资本没有任何关系，只是借企业之壳，聚集打手，强夺人民财产，这就要坚决打击，决不留情。不能把以上刑事犯罪说成是发展资本带来的恶果，这完全是两码事。社会犯罪与资本的违法是有严格区别的。

第三，充分发挥宏观调控监管资本的作用。中国正在向市场决定资源配置的方向发展，但政府始终起着重要的作用。这只有形的手就是宏观调控。改革开放 40 多年来，宏观调控的作用始终存在，而且十分重要。政府这只有形的手与市场这只无形的手配合，不仅创造了中国高速增长的经济发展奇迹，而且创造了 40 多年没发生全局性危机的经济奇迹。这在世界经济发展史上是没有的。2008 年世界发生金融危机，引起世界大多数国家的经济衰退，世界经济损失约 20 万亿美元。而中国在危机发生后的近十年中始终保持中高速增长，宏观调控的作用是不可抹杀的。中国的宏观调控与政府计划调节是完全不同的。宏观调控是努力按照经济的发展规律施行，避免脱离经济实际的主观臆造，同时宏观调控是在尊重市场的前提下进行的。比如：世界金融危机后，经济下行压力加大，外需不足，中国政府推出了大力投资基础设施建设的重大举措，中央政府投 4 万亿元，地方政府跟上十多万亿元，1 元钱的基础设施建设带动 2.8 元的制造业、服务业的产值，从而促进全国经济的发展，成功避免了金融大危机的影响。在资本监管中，宏观调控已起到了重要作用。在治理环境，减少碳排放方面，政府把人民的长远利益放在首位。关停严重污染企业，强制推行排污治理，治山、治水、治沙。近十年中国的环境状况发生很大转变，空气质量大幅度提高，而且保持经济较高速度的增长。在淘汰落后产能、过剩产能方面，既要措施坚决，也尽量采取温和的手段。一方面在一定年限内逐步淘汰，另一方面给淘汰企业转产提供优惠条件，并给予一定补助。这样既淘汰了落后产能、过剩产能，也发展了新的产业，稳住了劳动力的就业。宏观调控在淘汰落后产能、过剩产能上能起重要作用，有效避免了资本的破坏性。

中国政府是积极有为的政府，在宏观调节中，充分运用经济杠杆的作用来调节经济。经济杠杆，国际公认的一是金融，二是税收。2008 年世界性金融危机没有造成世界经济的大萧条，只造成世界经济衰退，一个重要的方面，是主要资本主义国家，采用量化宽松的货币政策，大大减轻了危机的破坏性。中国运用货币杠杆发展经济，有效防止了资本原始积累的血腥历史，对中国、对世界都是了不起的贡献。在调控房地产业的过程中，宏观调控有效地运用了银行和税收的杠杆。由于城市化和改善性住房的巨大需求，房地产行业发展快，引起国内外舆论的特别关注。有的猜测中国将陷入日本走过的沼泽。中国政府调控房地产业十多年，总的来讲，房地产业是朝健康、稳健方向运行，没有对整个国民经济起破坏性影响。这得益于调控中的措施恰当。政府采取的调控措施：一是反对零首付，坚持首付必须付30%，这与世界上其他国家截然不同。二是限制房地产企业的流动资金贷款，支持刚需消费者首套房贷款，银行不支持开发商贷款拿地。三是限制炒作房地产的投机行为。四是运用税收的手段限制房地产企业的盈利，除了增值税、印花税、土地税、企业所得税，还有一项土地增值税，该税按项目的增值额征收 20%～30%，对增值率高的征收 40%～60%。商业地产项目的起步是 30%。而且土地增值税是以每一规划许可证规划的面积销售完后开始结清。这些措施能抑制房地产的盲目发展。

宏观调控是中国政府调节经济的重要手段，它与市场调节紧密结合，努力做到提前引导企业，监管资本的破坏作用，提前淘汰落后产能、过剩产能，防止资本污染环境。

第四，逐步形成资本即使侵蚀公权也不能牟利的生态环境。资本的逐利性，决定了资本为牟利铤而走险的一面。少数资本侵蚀公权，正是为企业牟取一般企业不能牟到的利益。查处一个腐败的公务人员，背后就能找出若干个资本的不法行为。中央从严治党，严厉打击腐败行为，同时提出行贿与受贿同罪，在全社会形成不敢腐、不能腐、不想腐的社会风气。防止资本侵蚀公权，权力的透明、具体是一个重要环节。比如：最容易产生腐败的工程招标，由于招标方法是围标制，即投标单位的报价，离甲方的标最近者中标。这就出现许多泄标牟利，乙方千方百计探标的行为。国际上流行一种"无标底竞标"的办法就避免了上述漏洞，即竞标单位报价，最低价者中标，所有参加招标人员都不知标的。有人担心低价中标会产生质量事故。这是多余的担心或是借口。一是入围竞标队伍是经过考核挑选的。二是政府有关部门，制定了严格的建筑材料进场标准、检验程序，不合格的材料根本进不了场。三是有严格的监理队伍把关。四是甲方人员的把关。五是工程质量终身责任制的实行，施工、监理、设计，各方要负终身责任。最低价只是在满足工程数量、质量的前提下，施工方尽量减少间接费用，适当降低实际利润水平。采取无标底竞标法就从根本上解决了工程招标中的腐败。招标的组织者不能为投标单位提供方便，投标单位没必要去腐蚀招标工作人员，因为招标人员不能为施工单位牟利。这个例子充分说明，随着反腐的深入，许多事情的处理，是可以找到既能办成事，又不为资本牟利，防止资本侵蚀公权的办法的。又如：土地实现招、拍、挂以来，从付款方式、确定价格，到规划方案等形成了一套完整的方案，原来土地市场可协议转让的乱象一扫而空，中间的腐败现象也大大减少了。

这两个例子说明以下几个道理：

一是，政府处理经济类事情，只要按市场规律就能探索到科学的方法，形成不为单个资本牟取超额利润、平等公正又有效力的生态环境。现在政府正在建设数字平台，利用大数据，使政府在处理经济问题上尽量做到量化、具体化，尽量减少弹性。减少了弹性也就减少了主观意志，减少了不公平。二是，建立科学的程序，严格过滤，防止资本侵蚀公权牟利。程序过滤有不同部门、不同人员的过滤，而运用现代技术，使用计算机的审核程序是关键。电脑设计审核的程序是固定的，指标是具体的、量化的，没有感情因素，因此也不可能为个别资本牟利。三是，建立完备的检查、考核机制，使有过受资本侵蚀的人和事不能长久存在，并受到纪律或法律的处罚，也使个别侵蚀公权的资本受到严厉的制裁。以上措施通过一段时间逐步建立、健全,使资本即使侵蚀公权也不能牟取利益,将会使整个社会生态环境发生根本性变化。

综上所述,资本的监管在中国已做了大量的工作,初步形成了监管机制,并发挥了中国特色社会主义的优越性,成功避免了西方资本原始积累的野蛮百年血泪史。在改革开放40多年中成功避免了1998年的亚洲金融危机,避免了2008年的世界金融危机。建立长久完备的资本监管制度,不是一朝一夕可以完成的。资本破坏性表现的多样性、复杂性、长久性需要时间表现出来,资本监管的制度体系也需要不断完善、提升。在世界经济全球化的今天,外国资本大规模进入中国,中国的资本也批量走向国际舞台,资本的破坏性也会表现出全球性。要想独善其身,必须有完备的资本监管体系。这一体系不仅要借鉴外国的成功经验,更要发挥中国的优势,形成既能充分利用资本这一生产要素,这一发展经济工具的作用,又能有效监管资本的长效机制,从而使资本的破坏性控制在最小的范围内。

后 记

　　《资本属性》一书终于完稿了。十几年来我一直关注"资本"这一课题，并做了很多调查，学习了一些经济知识，开始思考"资本"这一课题。一方面由于自己经营和操盘8个不同类型的企业，日常事务较多，静不下心来写作；另一方面自己经济知识有限，一直拿不起笔来书写。2019年以后，我彻底退出企业界，还是经常思考"资本"这一课题，并尽力利用条件收集一些资料。由于条件限制，2021年4月前收集的资料，只能凭大脑的记忆。2021年4月以后我将收集到的有关资料记在本子上。2022年年初，我在报纸上看到了2021年11月习近平总书记在全国经济工作会议上的讲话内容，讲了五个经济理论问题，其中第二个问题是关于利用资本和监管资本的问题，提出了资本是生产要素的理论。我深受鼓舞，决心拿起笔来凭记忆把自己十几年对"资本"这一课题的思考写出来，供读者和关注这一课题的同仁参考。

　　2022年我已进入73岁的年龄，虽然天天坚持锻炼，但毕竟年事已高，能够保持健康的身体，延缓器官的衰老速度，已是一件不易的事。写一本经济类的书，困难确实很多。一是条件有限，手头资料太少，基本上凭记忆。在写作过程中经常会出现卡壳的现象，一个经济术语，甚至一个字常常被卡住，几天后才能记起来。二是我患有较严重的颈椎病，不能长时间伏案工作。有时写作思路打开了，写着写着